지금
이곳에서
행복하기

# 지금 이곳에서 행복하기

양성댁 강분석의
봉화 산골 이야기

강분석 글

푸르메

"나는 내 자신에 대한 대가로

스스로를 고스란히 내놓아야 하며

인생에 대한 대가로 인생을 바쳐야 한다."

비슬라바 쉼보르스카의 「공짜는 없다」에서

프롤로그 ✔ 나는 영원한 아마추어

  2004년 겨울, 처음 갔던 히말라야에서였다. 팍딩이라는 마을을 조금 지나서였는데 개울 건너편에 외따로 떨어진 집 한 채가 보였다. 집 뒤로는 하얀 깃발이 높다랗게 펄럭이고 옆에는 땔감나무가 가지런히 쌓여 있었다. 집 옆의 정갈한 밭에서는 연두색 보리 싹이 올라오고 있었다. 나무들이 빼곡하게 들어선 뒷산을 배경으로 나지막하게 서있는 집과 단정한 밭 앞에서 나는 오래도록 서있었다. 돌아와서도 가끔 그 집 생각이 났다. 3년 전에 남편이 10년 동안 살았던 양성을 떠나자 했을 때, 내게 제일 먼저 떠오른 것도 그 집이었다.

  지금 살고 있는 산골짜기 땅을 처음 보러 왔던 날, 앞에는 개울이 흐르고 뒤로는 낙엽송이 그득한 산 아래 단정하게 앉은 땅을 보는 순간 나도 모르게 손이 꼭 쥐어졌다. 내게 알맞은 땅이었다. 힌두교에서는 인생을 네 주기로 나눈다 한다. 배우고 익히는 학생기, 결혼하여 일하고 사는 가주기家住期, 나이 들어 숲으로 들어가는 임주기林住期, 죽음을 앞두고 순례에 나서는 유행기遊

行期. 그날, 나는 나의 임주기가 시작된다고 생각했다. 움켜쥐었던 것들을 놓아버리고 숲속에서 살기.

며칠 전에 지인과 이야기를 나누던 중에 내가 농사 걱정을 하니 그이가 그랬다.

"앙성댁은 '아마추어'잖아요."

아마추어니까 농사를 잘 짓지 못하는 것이 당연하다는 뜻이었다. 농사지은 세월이 벌써 13년이니 나도 이제 프로라고 항변하다가 나는 문득 말을 바꾸었다.

"그러네요. 저는 영원한 '아마추어' 이지요."

내가 그랬던 것은 아마추어 하면 떠오르는 순수함과 열정 때문이었다. 내 말이 맞다는 듯 그이가 고개를 깊이 끄덕였다.

아마추어의 어원은 라틴어 'amator' 로서 '사랑하는 사람' 이라는 뜻이란다. 그러니 아마추어는 자신이 하는 일을 사랑하는 사람이라는 뜻이렷다. 사랑하면서 잘하기까지 한다면 그보다 더 좋을 수 없겠지만, 둘 중에 하나만 가능하다면 나는 사랑하는 쪽을 택할 것이다. 그래야 지금 이곳에서 행복하니까. 중요한 것은 하나밖에 없다는 생각이 자주 든다. 지금 행복할 것인가, 아니면 나중에 행복할 것인가.

귀농 13년. 돌이켜보면 아슬아슬했던 순간들도 많았다. 그래서 더욱 고맙다. 그 세월을 나 혼자 지나온 것이 아니기에. 수많은 분들의 사랑과 응원으로 여기까지 올 수 있었다. 그분들이 계시는 한, 언젠가는 내가 사랑하는 일을 잘할 수 있는 날도 올 것이라 믿는다.

2010년 5월

비 내리는 봉화 산골에서 강분석

차례

프롤로그

나는 영원한 아마추어 7

농사 — 즐거운 시시포스

산골짜기 벼 베던 날 15 | 남회룡에 하나밖에 없는 논에 모를 심다 20
기다림을 가르쳐준 호두 24 | 슬픔이여 안녕 29 | 상처 난 복숭아 34
복숭아 농사짓는 아낙의 기도 39 | 꽃 심는 즐거움 42
또 한 해를 보내며 45 | 즐거운 시시포스 51 | 된장 마사지 55 | 돌아보기 59

사람 — 세월은 살같이 흐르고

철없는 남편 67 | 초보 파이팅! 72 | 어머니, 당신이 그립습니다 78
세월은 살같이 흐르고 83 | 곰 같은 큰 손 86
아저씨께 차려드린 마지막 아침상 90 | 흑대문집 할아버지와 할머니 93
벌교 꼬막과 소화, 그리고 정옥 언니 97
명절이면 더 커지는 시어머니의 빈자리 102
뒷골목 비지째개집에서 옛 친구를 만나다 105 | 만주 할머니의 부엌 108
냄새 나는 감동 112

우퍼 슌, 콩알들이 그대에게 힘을 줄 거야 117 | 우퍼들은 무얼 먹지? 123
코니의 산골 생활 127 | 세상에서 제일 맛있는 호박죽 134
유진, 어버이의 나라에서 사과나무를 심다 139 | 최상의 재료와 최고의 정성 143
베트남 청년 뚜안과 태국 처녀 마야 147 | 기적을 믿다 153
데니스가 가르쳐준 역지사지 161 | 자리나와 만두 이야기 166

**우퍼** 일도 돕고 문화도 배우고 마음도 나누고

산골 밥상의 구원 투수 171 | 내 맘대로 팥죽 174
달콤하고 그윽한 돌배 향에 취하다 176 | 천상배필, 호박잎과 강된장 179
귀한 손님맞이, 쇠고기국 181 | 도토리묵과 뜻밖의 초대 184
우리 집 겨울 식탁 일등공신 187 | 빼빼로데이와 농업인의 날, 그리고 가래떡 190
진짜 김치 부침개 193 | 장독대 주변을 어슬렁거리다 195
못난이 팥으로 부리는 호사 198 | 연두색 콩잎과의 즐거운 씨름 201
있을 때 잘해 204 | 김밥은 역시 꽁지가 맛있더라 207

**음식** 추억이라는 양념

## 삶
### 냉이 캐는 아낙처럼 봄은 오더이다

우리 집 양배추 김치의 역사 213 | 냉이 캐는 아낙처럼 봄은 오더이다 218

쑥개떡과 고수레 223 | 식사하셨어요? 229 | 어머니의 꽃밭 232

시어머니와 모자란 며느리 235 | 정월 대보름에 새로운 시작을 준비하다 238

삼천리강산에 우리나라 술 241 | 군고구마와 노랑 병아리 아플리케 245

바라보기 248 | 새해 첫날, 앞산에서 일출을 뒷산에서 일몰을 보다 253

어머니의 어록 256 | 출세했네 260 | 좌충우돌 김장 담그기 263

개투 이야기 267 | 공짜는 없다 277

## 히말라야
### 삶은 살아야 할 신비인 것을

나는 왜 산에 가는가? 283 | 꿈은 이루어진다 288

히말라야 닮은 산골에서 셰르파 흉내를 내다 291

똥바에 취하고 히말라야 별에 취하고 297 | 대한민국 농부 푸모리 원정대 300

삶은 살아야 할 신비 306 | 나를 내려놓다 309 | 오늘도 즐겁게 313

# 농사 ♥ 즐거운 시시포스

### 산골짜기 벼 베던 날

산골에서 처음으로 벼를 베는 날, 여덟시 정각에 오늘의 일꾼들이 도착했다. 재산의 정군과 정군의 어머니, 그리고 정양. 어머니는 낫까지 들고 오셨다. 평소보다 아침이 일러서인지 국에 겨우 밥 한 숟가락 말아 뜨고는 다들 곧장 논으로 올라갔다. 점심 준비를 대충 해놓고 막걸리와 어묵을 챙겨 논에 올라가니 남편의 표정이 심상치 않았다. 고라니인지 다람쥐인지가 나락을 엄청 먹어 치웠단다. 논에서 물을 뗄 때만 해도 괜찮았는데 그새 녀석들이 극성을 부린 모양이었다. 지난 봄부터 오랫동안 논에 들였던 정성 때문인지 남편이 굳은 얼굴을 쉽게 풀지 못했다.

"올해가 처음이잖아. 수업료 냈다고 생각해. 거두는 것만으로도 훌륭해."

아쉽기는 하지만 어쩌겠는가? 나는 큰 동작으로 막걸리를 따르며 못 부르는 권주가를 불렀다.

"이 술 한 잔 받으시오."

평소에는 전혀 술을 안 드시는 어머니께서도 막걸리를 청하셨다.

"나도 얼른 한 잔 주소."

어머니는 벌컥벌컥 막걸리를 들이켜셨다.

"어이, 시원타. 속이 다 뚫리는 것 같네."

남편의 기분을 풀어주시려는 것이었다. 어머니와 막걸리 덕분에 분위기가 반전되었다. 새 힘을 충전한 일꾼들이 다시 논에 엎드렸다. 전날 남편이 공들여 날을 세운 낫이 빛을 발했다. 쓱쓱쓱쓱, 싹싹싹싹, 쓱싹쓱싹, 낫질 소리가 경쾌했다.

겨우 막걸리 반 잔에 불콰해진 얼굴로 낫질을 하시는 어머니께 다가가 나는 카메라를 가리켰다. 오른손에는 낫을 왼손에는 볏단을 한 줌 치켜드시고 카메라 앞에 서서 어머니는 환하게 웃으셨다. 일흔이 넘으신 어머니는 낫 쓰시는 동작도 경쾌하고 유연하셨다. 벼 베기는 처음이라는 두 젊은이도 제법 익숙하게 낫질을 했다. 허리를 굽히거나 쪼그리고 앉아 낫질하는 내내 덕담과 웃음이 이어졌다. 어느새 발개진 젊은 얼굴들이 건강하고 아름다웠다.

윗 다랑이 가장자리에는 고라니 똥이 자주 눈에 띄고 다람쥐가 파놓은 굴도 보였다. 녀석들의 싹쓸이로 나락이 아예 한 톨도 남지 않은 줄기도 많았다. 나락 사이를 누비고 다니면서 얼마나 신이 났을까. 이 근방에 하나밖에 없는 논이라니, 서로 동네방네 소문을 냈으리라.

"저기 가면 새로운 먹이가 있어."

"제초제랑 농약도 안 뿌린 웰빙 식품이래."

"울타리도 없고 지키는 사람도 없대."

녀석들의 대화가 귀에 들리는 듯했다. 남편이 볼세라, 나는 나락 없는 빈 줄기를 서둘러 벴다. 일손이 많으니 산골짜기 작은 다랑논의 벼 베기는 금방 끝이 났다. 일은 그러나 그것으로 끝이 아니었다. 볏단을 앞밭으로 나르는 일이 남아 있었다. 콤바인으로 벼를 털어야 아는데, 고물 콤바인이 논에 올라오지 못한 거였다.

첫번째 볏단을 나를 때였다. 산더미 같은 볏단이 얼마나 무거울까, 나는 양팔에 힘을 잔뜩 주어 속으로 기합까지 넣으며 볏단을 들어올렸다. 그런데 볏단은 너무나도 가벼웠다. 과하게 힘이 들어간 몸이 순간적으로 휘청거리며 뒤로 넘어갈 뻔했다. 나는 무안하기도 하고 실망스럽기도 하여 얼굴이 벌게졌다. 벼가 바싹 마르기도 했거니와 짐승들 등쌀에 빈 줄기만 남은 것이 많았던 것이다.

앞이 안 보이게 커다란 볏단을 안고 울퉁불퉁한 논둑 위를 걸으려니 몸이 자꾸 흔들렸다. 마음도 흔들렸다. 거둔 것만으로도 고마운 일이라고 말은 대범하게 했지만, 고라니며 다람쥐가 자꾸 원망스러웠다. 지푸라기같이 가벼운 볏단도 자꾸 들어 나르러니 무거워졌다.

힘이 드네, 하며 허리를 펴니 저 앞에 동산만 한 볏단을 안고 논둑 위를 흔들리며 걸어가시는 어머니가 보였다. 어머니의 가녀린 모습이 나락을 모두 내어주고 부서질 듯 바싹 마른 벼 같았다. 눈물이 나려고 했다. 나는 얼른 허리를 굽히고 어머니를 안 듯 조심스럽게 볏단을 안아 올렸다.

고마운 이들이 떠난 후 남편과 나는 어둠이 내리도록 앞밭에서 콤바인으로 벼를 털었다. 마지막 포대를 내리는 남편에게 나는 악수를 청하며 축하와 위로를 전했다.

"고생했네. 장해요. 축하해요." □

## 남회룡에 하나밖에 없는 논에 모를 심다

 지난 연말에는 겨울을 지낼 오두막을 손보느라 우리 땅을 제대로 돌아볼 시간도 없었다. 새해가 지나서야 여유가 생긴 남편은 새 땅을 찬찬히 둘러보면서 논이 될 만한 자리를 찾았다. 다행히 개울 옆으로 경사가 급하지 않으면서 참하고 해가 잘 드는 땅이 있었다. 크기도 맞춤해서 두 식구가 먹을 만큼의 쌀은 나올 성 싶었다. 개울물이 차가운 것이 염려되었지만 웅덩이를 크게 파서 물을 데워 논에 흘려 넣으면 될 것 같았다. 논을 만든다는 소리에 고개를 젓는 사람들이 많았다. 고랭지라 밭농사도 어려운데, 벼농사는 어림도 없다는 거였다. 그래도 우리는 논을 만들기로 했다.

 일은 처음부터 쉽지 않았다. 우선 큰 돌이 생각보다 많았다. 굴삭기로 큰 돌을 골라내고는 여러 날에 걸쳐 손으로 돌을 집어냈다. 다시 굴삭기를 들여 바닥을 평평하게 고르고, 개울 건너에 있는 밭의 살이 좋은 흙을 퍼서 논바닥에 골고루 폈다. 수평 작업의 마지막은 소꿉놀이 같았다. 20미터도 넘는 투명 호스에

물을 채워 호스의 끝을 나누어 잡고 논 이쪽 끝과 저쪽 끝에 서서 "거기 됐어?" 하고 외치니, 어렸을 적에 막내 오빠랑 했던 전화놀이가 생각났다.

논에 물을 가두는 과정에서도 문제가 생겼다. 수평을 맞추었건만 논바닥이 경사져서 물이 가두어지지 않는 거였다. 수평작업을 다시 하느라고 굴삭기가 흙을 뒤집는 바람에 논은 다시 돌밭으로 돌아가고 말았다. 문제는 그것뿐이 아니었다. 새로 만든 논은 여러 번 물을 가두고 빼면서 바닥을 다져야 하는데 모내기 시기에 쫓겨 그 과정을 생략해야 했다. 논을 트랙터로 삶는데 (225페이지 * 참고) 기계가 번번이 빠지니 그런 낭패가 없었다.

일조량이 부족한 곳이기에 모내기 시기를 더 늦출 수 없었다. 트랙터를 포기한 남편이 자루가 긴 호미를 들고 논으로 들어서던 날은 비가 내렸다. 점점 굵어지는 비를 맞으며 남편은 종일토록 땅을 골랐다. 어렵사리 땅을 고르고 물을 댔건만, 새로 넣은 흙은 사방에 공기 구멍이 있어 물이 빠져나가고 말았다. 우리는 무릎까지 오는 논 장화를 신고 두 발로 꼭꼭 흙을 다지면서 물을 대고 또 댔다.

산골짜기 다랑논에 모내기를 하던 날은 현충일이자 망종 다음날이었다. 울퉁불퉁한 논바닥에 이앙기를 들일 수 없어 손모를 내야 했다. 수소문 끝에 구한 못줄을 띄우고 우리는 연두색 논 장화를 신고 모를 심었다. 호미로 고른 땅은 들쑥날쑥한 데다가 돌처럼 딱딱해서 반나절이 지나기도 전에 손끝이 아파왔다. 허리는 끊어질 것만 같았다.

생각해보니, 몇 년 전 망종 날에도 우리는 산골짜기 다랑논에 엎드려 있었다. 망종은 벼나 보리같이 까끄라기가 있는 곡식을 뜻하는 말로 절기로는 보리를 수확하고 논에 모내기를 하는 시기를 일컫는다. 그날 앙성 간장골 논에서 모가 빠진 자리에 손모를 잇고 있을 때, 남편이 틀어놓은 라디오에서 프로그램 진행자가 청취자의 편지를 읽고 있었다. 그이는 주말에 고향에 내려가 부모님의 마늘 수확을 도와드렸단다. 월요일 출근길에 누군가가 마늘을 훔쳐갔다는 어머니의 전화를 받았다. 시골에 내려가니 어머니는 눈이 퉁퉁 부운 채 누워 계시고 아버지는 오래전에 끊은 담배를 태우고 계셨단다. 도둑은 마늘뿐만 아니라 부모님의 희망까지 훔쳐간 거라고 그이는 끝을 맺었다. 햇볕은 뜨겁고 허리는 아프고 마음은 쓰리고, 논에 엎드린 내 얼굴 위로 땀인지 눈물인지가 주르륵 흘러내렸다.

그런데, 어떤 기억들은 왜 이리도 선명할까? 그날 늪 같은 논바닥에서 발을 빼다가 균형을 잃고 넘어졌는데 그 물소리에 아랫 다랑이에 있던 백로가 푸드득 날아갔던 것. 저만치서 모를 꽂고 있던 남편이 흙탕물로 범벅이 된 채 엉거주춤 서있는 나를 보고 "괜찮아?" 하고 외쳤던 것, 편지를 다 읽은 여성 진행자의 긴 한숨 소리도 또렷하다.

산골짜기 모내기 이틀째. 첫날 종일토록 이어진 작업에 팔꿈치가 벗어졌다. 논에 엎드려 한쪽 무릎에 팔꿈치를 대고 몸을 지탱하려니 팔꿈치와 무릎이 닿는 부위에 상처가 난 거였다. 팔꿈치에 감은 손수건이 자꾸 흘러내려 성가셔서 풀었더니 살갗이 벗어지고 말았다. 보호대를 댄 무릎도 벌겋게 성이 났다. 자석까지 들어 있는 복대를 둘렀건만 허리도 아프기는 마찬가지였다.

그래도 막막하다는 생각은 들지 않았다. 아무리 끝날 것 같지 않은 일에도 반드시 끝이 있다는 것을 이제는 확실히 알기 때문이다. 지난 10년 동안 내가 심은 모와 씨앗이 그것을 가르쳐주었다. 그뿐인가. 씨앗은 다시 무수한 씨앗이 되어 들판을 가득 채웠다. 그 거룩한 순환에 아주 작은 힘이라도 보탤 수 있는 것이 고맙고 자랑스러웠다.

단오 날, 드디어 모내기를 끝냈다. 한 마지기도 안 되는 논에 모를 심는 데 사흘이 걸렸다. 마지막 모를 꽂은 남편이 허리를 펴고 일어서며 '바보 모내기'라고 말했다.

"그렇네. 안 되는 거 알면서도 했으니. 그러다가 한 톨이라도 거두면 얼마나 고맙겠어!"

농부가 되었으니 우리 먹을 쌀은 우리 손으로 짓자며 시작한 벼농사. 산골에 들어와서도 벼농사를 놓지 못하는 이유가 대체 무엇일까? '나락 한 알 속의 우주'까지는 아니더라도 '밥심'이 무엇인지 확실히 알았기 때문일까? ▫

## 기다림을 가르쳐준 호두

하늘이 높고 푸른 날이었다. 녹두 따러 간다던 남편이 몇 분도 지나지 않아 다시 들어왔다. 흥분한 얼굴이었다.

"호두가 나왔어. 이번엔 진짜 호두야."

"진짜 호두가 나왔다구?"

뛰다시피 마당에 나가보니 과연 여러 갈래로 터진 녹색 외피 안에 진짜 호두가 보였다. 주름은 졌지만 새침하면서도 수줍은 새색시 같은 모습에 나도 모르게 탄성이 터졌다.

"진짜 호두가 그 안에 있었네!"

진짜 호두라고 호들갑을 떨 만한 사연이 있었다. 지난 초여름, 해가 나는 날이 드물어 마음이 바쁘던 때였다. 오전 일을 마치고 개울에서 빤 작업복을 널다가 빨랫줄 아래 잔디밭에서 복숭아 한 알을 보았다. 꼭 호두만 한 크기의 어린 복숭아를 들여다보고 있는데 마침 남편이 나왔다.

"복숭아가 왜 여기 떨어져 있을까?"

"꾀순이가 앞밭에서 물어 왔을 거야."

그런데 손바닥 위의 열매를 자세히 살펴보니 아무래도 복숭아가 아니었다.

"복숭아가 아닌데!"

고개를 들어 열매가 떨어진 자리 바로 위를 바라보니, 거기 호두나무가 서있었다.

"호두!?"

우리는 열매를 번갈아 들고 이리저리 살펴보고 코를 킁킁대며 냄새를 맡았다.

"호두 냄새가 나네! 호두야! 진짜 호두야!"

나는 열매를 들고 얼른 집에 들어가 식물도감을 찾아보고 인터넷도 뒤졌다. 안타깝게도 그것과 같은 사진이나 설명을 찾을 수 없었지만 그 열매는 호두임에 틀림없었다. 처음에는 알릴락 말락 나던 호두 냄새가 점점 더 강해지는 거였다.

"그렇지만 이게 진짜 호두라면, 어째서 초록색이지? 주름도 없고."

남편이 호두를 손에 들고 의아한 표정을 지었다.

"익으면 누렇게 변하겠지. 복숭아도 처음엔 초록색이잖아."

내 말에 고개를 끄덕이긴 했지만 남편은 여전히 뭔가 미진한 얼굴이었다. 어리둥절한 것은 나도 마찬가지였다. 나는 호두가 아무런 방비 없이 그렇게 덜컥 열릴 줄은 정말 몰랐다. 밤처럼 가시가 있거나 은행처럼 냄새 독한 외피가 있을 거라고 생각했다. 진초록도 아니고 연두에서 초록으로 가는 저 여리고 부드러운 색깔은 대체 어쩌자는 건가!

그렇게 한바탕 법석을 피웠던 열매의 전모가 환하게 드러났으니 남편도 나도 호들갑을 떨 수밖에. 여름내 호두나무 옆을 지날 때마다 나는 초록색 열매를 올려다보며 호두의 변신을 상상했었다. 저 초록색 열매가 누렇게 익어가면서 쭈글쭈글 주름이 지고 딱딱해지겠지. 그런데 초록색 열매는 호두가 아니라 외피였다. 진짜 호두는 그 외피 안에 들어 있었던 것이다.

호두 한 알로 그토록 야단법석을 피웠던 것은 오랜 기다림 때문이었다. 호두나무를 심은 지 어느새 7년이 흘렀던 것이다. 7년 전, 어둠이 내리기 시작하는 어느 봄날 저녁이었다. 불현듯 남편이 화원에 가자고 했다. 2년 전에 심은 밤나무 묘목 열 그루가 전부 잘못되어 며칠 전에 뽑아내고는 마음이 휑했던 모양이다. 꽃나무 몇 그루를 사고 화원을 나오려는데 남편이 손가락같이 가는 묘목을 집어 들며 화원 주인에게 물었다.

"이게 무슨 나무예요?"

여주인이 말했다.

"호두나무예요."

"잘 자라나요?"

"잘 자라지요. 그런데 열매를 보려면 최소한 7년은 기다려야 돼요."

7년씩이나? 7년 후 나는 대체 어떤 모습일까? 손가락같이 가느다란 묘목을 보며 한숨을 쉬었던 것이 엊그제 같은데, 세월이 살같이 흘러 호두나무는 열매를 맺고 나는 흰머리와 주름이 늘었다.

그러고 보니 우리 집 호두는 반전의 연속이었다. 7년 만에 꼭 하나 열린 그 호두를 우리는 먹지 못했다. 예비 신랑 신부 후배들이 내려왔던 날, 나는 자랑도 하고 한 조각씩 나누어 먹을 생각으로 호두를 따러 나갔다. 그런데 호두가 보이지 않았다. 그날 아침만 해도 분명히 있었는데. 허탈한 마음으로 집에 들어와 두 사람에게 사연을 말하니, 예비 신랑이 묘한 표정을 지었다.

"그거 내가 따먹었는데."

"이런? 7년이나 기다린 건데!"

나는 후배를 향해 눈을 흘겼다. 애당초 두 사람과 나눌 생각이었지만, 몹시 서운했다. 호두도 그렇지만 껍데기가 더 아까웠다.

내가 어렸을 적, 흙이 밥이 되고 오목한 돌이 밥그릇이 되던 소꿉장난에서 반으로 가른 호두 껍데기는 최고의 그릇이었다. 정월 대보름날 아침, 어머니가 부럼으로 나누어주신 호두를 까먹을 때면 나는 껍데기를 꼭 반으로 갈라야 한다고 오빠들에게 떼를 썼다. 오빠들은 댓돌 위에 호두를 놓고 돌로 살살 내리쳤는데, 딱 반으로 갈라지는 것은 가뭄에 콩 나기였다. 사라진 그릇이 아까워 눈물이 그렁그렁한 채 박살난 호두 껍데기에서 살을 발라먹던 기억이 아스라하다.

 떼쓰던 아이에서 주름진 아줌마가 되었건만 사라진 호두 껍데기는 여전히 아까웠다. 힘들 때면 7년 만에 처음 얻은 그것을 보면서 농사는 기다리는 일임을 되새기려 했는데. □

## 슬픔이여 안녕

 봉화가 우리나라에서 제일 추운 곳이라더니, 과연 해발 750 미터의 산골은 확실하게 추웠다. 전국의 벚꽃축제로 텔레비전 화면 가득 연분홍 꽃잎이 어지러운 때에도 산골은 마치 다른 나라처럼 겨울 모드였다. 겨우 며칠 전에야 봄기운이 느껴지기 시작했다. 앞뒤 산에 빼곡히 들어선 낙엽송에 돋아나는 새잎들로 산 중턱에는 연두색 구름이 걸려 있는 것 같다.
 산골에서 처음 맞는 봄은 이리도 더디지만, 대신 푸짐하다. 사방에 나물이 지천이다. 달래, 냉이, 씀바귀, 쑥, 취나물, 고사리, 원추리, 돌미나리같이 익숙한 것도 많지만 이곳에서 처음 보는 것도 많다. 처음 듣는 이름이 낯설기만 한데, 아직 이곳 말씨에 익숙지 않은 탓에 도통 알아들을 수가 없다. 낯선 나물들을 모두 익히려면 아무래도 시간이 걸릴 것 같다.
 며칠 전 아랫집 할머니가 뒷산에서 따신 거라며 두릅을 한 보따리 나누어주셨다. 보자기를 푸는 순간 한마디로 형용할 수 없는 오묘한 향에 정신이 잠깐 아득해지는 것 같았다. 아기 볼같이 포동포동 살이 오른 첫 순은 솜털마저 보송보송해 기어이 쓰다듬고 말았다. 그날 저녁상에는 살짝 데친 두릅에 초고추장을 올렸다.

"아삭아삭한 게 향도 맛도 그만이야."

남편은 젓가락을 든 채 머무적거렸다.

"옛날엔 엄청 좋아했잖아. 한번 먹어봐."

남편이 두릅을 하나 집었다. 나는 남편의 반응을 기다렸다.

"괜찮네."

그 말 한마디로 끝이었다.

시골에 내려와서 본격적인 농사로 처음 시작한 것이 바로 두릅이었다. 나물을 그다지 즐기지 않는 남편도 봄이 되면 두릅을 찾았었다. 소득도 괜찮고 농약을 안 쳐도 잘 자란다고 하니, 첫 작물로 나무랄 데가 없었다. 밭에서 기른 묘목을 적당한 마디로 잘라 겨울에 하우스에 넣어 순을 내는 수침재배 방식이었다. 자연산보다 시기가 빨라 돈도 꽤 된다고 했다. 두릅 농장을 여러 번 다녀온 끝에 마음을 정하고 번식시킬 묘목도 맞춰놓았는데, 땅이 문제였다. 앞밭만으로는 모자라 집에서 한 시간 정도 떨어진 일죽이라는 곳에 밭을 구해 두릅 묘목을 심었다.

묘복은 하루가 다르게 자리났다. 신기하고 기특했다. 연초록 첫 순이 뾰족하게 올라오기 시작하자 우리는 하루가 멀다 하고 밭으로 갔다. 그날은 아침부터 햇살이 유난히 고왔다. 오늘은 순이 얼마나 더 올라왔을까, 얼른 보고 싶은 마음에 달리는 자동차가 더디게 느껴졌다. 이윽고 밭에 도착한 우리는 눈앞의 광경을 믿을 수가 없었다. 이틀 전만 해도 펜촉처럼 뾰족하게 올라왔던 순이 모조리 잘려 있었다. 그날 새벽에 베었는지, 순이 잘려나간 자리에는 눈물방울처럼 수액이 맺혀 있었다. 가슴이 마구 쿵쾅댔다.

"순을 저렇게 잘라놓으면 나무가 못 자라는데……."

떨리는 목소리로 남편이 혼잣말하듯 말했다. 그뿐, 남편은 더 이상 말이 없었다. 입과 함께 마음도 쾅 하고 닫힌 것 같았다. 돌아오는 차 안에서 나는 남편 몰래 눈물을 훔쳤다. 뙤약볕 아래서 잡초 뽑던 일이 자꾸 생각났다. 잠깐 쉬는 사이에 쏟아지는 잠을 못 이기고 바닥에 쓰러져 자다가 눈을 떠보면, 남편은 저쪽에 엎드려서 풀을 뽑고 있었다. 복받치는 울음을 참으려니 가슴이 미어지는 것 같았다.

수난은 그것으로 끝이 아니었다. 첫 순만으로 성이 차지 않았는지 사람들은 곁순까지 모조리 베어갔다. 밭에 담을 둘러칠 수도 없고 하루 종일 지키고 서있을 수도 없으니, 문전옥답이라는 말이 그래서 생겨난 것일까.

그해 가을에 우리는 집 가까운 산골짜기에 땅을 마련했다. 두릅은 배수가 제일 중요하다는데 논 자리인 것이 마음에 걸렸지만 물 빠짐에 유의해서 땅을 정비하고 일죽 밭의 뿌리를 옮겨 심었다. 그 겨울, 우리는 앞밭에서 재배한 두릅 묘목으로 수침 재배에 도전했다. 소리가 요란한 그라인더로 남편이 마디를 자를 때면 두려움에 몸이 옴츠러드는 것 같았다. 촘촘한 망에 마디를 하나하나 꽂는 것도 큰일이었다. 장갑을 두 개씩 끼었건만 두릅 가시에 찔려 손이 벌겋게 부어올랐다. 이중 하우스의 온도를 맞추기 위해 밤에 시도 때도 없이 일어났던 것은 차라리 호사였다. 오며 가며 밤하늘의 별과 달을 볼 수 있었으니까.

　두릅 마디에서 첫 순이 올라오던 날, 우리는 만세를 불렀다. 컴퓨터로 엉성하게 만든 라벨을 달고 '유근세 표' 두릅이 처음 세상으로 나간 날에는 서로의 노고를 위로하며 술잔을 나누었다. "시작은 미약하였으나 끝은 창대하리라!" 읍내 중국집에 걸린 액자를 떠올리며 두릅과 우리의 건투를 빌었다.

　봄이 왔다. 산골짜기 밭에서도 오래도록 기다렸던 싹이 올라오기 시작했다. 올라오기까지가 어려웠지 싹은 아주 빠르게 자랐다. 이제 됐구나, 한숨을 돌리려는데 비가 내리기 시작했다. 장마 같은 봄비가 닷새 동안 줄기차게 내렸다. 그 비에 두릅이 죽어나가기 시작했다. 빚잔치하듯 앞밭에 남은 뿌리를 사람들에게 나누어주던 날, 술에 취해 새우처럼 등을 꼬부리고 자는 남편에게 이불을 덮어주며 나는 울었다. 그날 이후 남편은 두릅을 먹지 않았다.

할머니가 뒷산에서 따오신 두릅은 참 맛있었다. 나는 그 두릅으로 효소도 담그고 장아찌도 담갔다. 김치도 담근다는 할머니의 말씀에 생전 처음으로 두릅김치도 담갔다. 이제부터는 좋은 기억들만 생겨나리라.

## 상처 난 복숭아

농업기술센터에서 귀농인 교육을 받는 목요일은 읍내에 나간 김에 일을 몰아서 보려니 늘 바쁘다. 오늘만 해도 마침 봉화읍 장날에다 농기계 수리센터에도 들르고 군청에도 가야 했다. 일찍 서둘러서 장도 보고 군청 일까지 마쳤는데 교육시간까지 시간이 조금 남았다. 자투리 시간에 할 만한 일이 딱히 떠오르지 않던 차에 군청 민원실 한쪽에 있는 컴퓨터가 눈에 띄었다. 컴퓨터가 마침 두 대여서 남편과 나는 인터넷을 하기로 했다.

자리에 앉을 때만 해도 사과 농사에 대해 알아보리라 생각했는데, 검색 창에는 '복숭아'가 찍혀 있었다. 복숭아와 함께 보냈던 지난 8년의 세월이 내 손을 그리로 이끌었던 모양이다. 얼마 후, 화면에 사진 하나가 떴다. 가운데가 흉하게 무른 복숭아였다. 꽃받침처럼 생긴 플라스틱 포장재와 상처 난 복숭아 사이에 길다란 종이 쪽지가 보였다. 쪽지에는 "상처가 조금 있습니다. 먼저 드셔요. 죄송합니다"라고 쓰여 있었다. 내 글씨가 틀림없었다. 우리 복숭아를 받은 소비자가 자신의 블로그에 올린 사진이었다. 사진 아래 그이의 글이 있었다.

"상자를 열어보니 맨 위 가운데, 제일 잘 보이는 곳에 이 복숭아가 있었다. 이 복숭아를 넣을까 말까, 이 부부는 얼마나 고민했을까? 이 복숭아, 정말 맛있었다. 벌레가 두 마리 나오긴 했지만."

날짜를 보니 2004년 9월 24일로 되어 있었다. 교육이 끝나고 집에 돌아와 그 즈음에 쓴 일기를 찾아서 읽었다.

"꼭지에 좁쌀만 한 흠이 있는 복숭아 한 알을 놓고 고민한다. 상자에 넣을까, 말까? 한참을 들고 있다가 옆으로 빼놓았다. 바늘로 찌른 것 같은 구멍이 보이는 복숭아를 들고 또 고민을 한다. 이걸 넣을까, 말까? 벌레가 속을 헤집고 다니면서 터널을 뚫어놓은 것은 아닐까? 한참 고민하다가 에라 모르겠다, 한 입을 덥석 베어 먹었다. 에잇! 벌레도, 터널도 보이지 않고 노란 속이 깨끗했다. 아까운 복숭아 한 알을 버리고 말았네! 애가 타서 눈물이 고이려고 한다."

4년도 더 지난 일이 엊그제같이 선명하게 떠오르며 또 눈물이 고이려 했다. 나는 아까 군청에서 본 블로그를 다시 찾았다.

흉하게 멍든 복숭아와 삐뚤빼뚤한 내 글씨가 적힌 쪽지를 보니 만감이 교차했다. 상처 하나 없이 온전한 것만 보내고 싶은 마음이 정말로 굴뚝 같았지만 사정이 그렇지 못했다. 벌레 먹고 새에 쪼이고 병에 시달리고 비에 물러져 복숭아는 성한 것이 드물었다. 소비자에게 복숭아를 보내기까지 우리는 많은 실험을 했다. 비록 완벽한 복숭아는 아니더라도 나름대로 엄격한 기준을 정해서 보냈기에 상처가 저렇게 크게 덧나리라고는 전혀 생각하지 못했다. 쥐구멍에라도 숨고 싶은 마음으로 그이의 글을 읽었다.

"이분들의 농사짓기는 정말 외로운 싸움처럼 보인다. 농약 치며 지으면 이렇게 고달프지는 않을 텐데. 누구의 말처럼 '독립운동 하는 마음으로' 농사를 짓는 것 같다. 내가 할 수 있는 건 이 복숭아를 먹고 그 뜻을 알리는 것뿐."

나는 그예 눈물을 떨어뜨렸다. 죄송하고 고맙고 부끄럽고 황송했다. 저렇게 상처 난 복숭아를 받고도 불평하기는커녕 우리를 응원해주신 분들 앞에서 나는 엄살이나 부리고 있었던 것이다.

지난해 여름이었나. 극심한 가뭄이 계속되더니 복숭아가 익을 무렵부터 내리기 시작한 비가 그칠 줄 모르고 줄기차게 퍼부었다. 복숭아가 이상했다. 흠 없이 멀쩡하게 보이던 것들이 다음날 아침이면 물러서 주저앉아버렸다. 이상 기후에 리듬을 잃은 것이 분명했다. 소비자에게 복숭아를 보낼 자신이 없었다. 그렇다고 모두 포기할 수도 없었다. 다시 보고 또 보고, 또다시 보고. 괜찮을 거라 믿어지는 복숭아만 골랐다. 그렇게 고른 복숭아를 소비자에게 보낸 다음날은 일일이 전화를 드렸다. 상처가 나긴 했는데 괜찮다고들 하셨다. 고맙고 송구해서 전화기 앞에서 코가 바닥에 닿게 고개를 숙이곤 했다.

어느 날 저녁, 메일 하나를 받았다. 우리가 보낸 복숭아가 거의 전부, 아주 많이 망가진 상태로 도착했다는 내용이었다. 메일은 이렇게 끝을 맺고 있었다.

"유기농이란 이름으로 모든 것을 합리화할 수는 없겠지요."

백 번 천 번 옳은 말이었다. 죄송하다는 것과 복숭아 값을 입금하지 마시라는 것 외에 다른 말을 드릴 수 없었다. 우리로서는 최선을 다했기에 더이상 복숭아 농사를 짓기 어렵겠다는 생각이 들었다. 그 밤에 나는 참 많이 울었다.

오늘 받은 기술센터의 교육은 사과 병충해에 관한 것이었다. 곡식 농사만으로는 아무래도 생활이 어려울 것 같아 앞밭에 사과나무를 심기로 한 것이다. 사과 농사를 지으면 또 얼마나 많은 벌레들 그리고 병과 싸워야 할까? 눈물바람은 또 얼마나 하게 될까? 그러나 나는 고개를 저었다. 도시에서 함께 농사짓는다는 마음으로 우리를 지켜보며 응원해주시는 분들이 있지 않은가. 이렇게 농사지으며 살 수 있는 것이 모두 그분들 덕분이다. 더 열심히 배우고 더 열심히 농사지으리라. □

## 복숭아 농사짓는 아낙의 기도

며칠 전, 두번째 서리가 내린 날이었다. 전날 기장 베고 수수 베느라 종종걸음을 친 남편은 속이 안 좋다며 아침밥을 거르겠다고 했다. 어제 저녁상에서 반주로 마신 술이 과했던 모양이다. 다른 때 같으면 논밭 둘러보고 다시 누웠을 텐데, 하얗게 내린 서리를 보자 마음이 급했는지 남편은 쥐눈이콩을 거두겠다며 낫을 들고 개울 건너 밭으로 올라갔다. 이슬이 마르기 전에 베면 손실이 적기 때문이다. 가뭄 탓에 부실하기는 했지만 때가 되니 익어서 꼬투리가 벌어진 것들이 꽤 있었던 것이다.

나 또한 마음이 바빴다. 본격적인 서리가 내리기 전에 고추를 따야 했다. 겨우내 먹을 삭힌 고추와 부각도 만들고 도시의 지인들에게도 보낼 생각이었다. 얼마나 시간이 지났을까, 참을 수 없는 시장기가 발동했다. 이슬에 젖은 몸이 으슬으슬 춥기도 했다. 춥고 배고프니 처량한 생각이 들었다. 금강산도 식후경이라 했는데, 나는 고추 따던 손을 멈추고 집으로 들어왔다.

배는 맹렬하게 고픈데, 마침 찬밥도 남은 것이 없었다. 라면

39
즐거운 시시포스

을 끓일까 하다가 그 시간도 기다리기 힘들어 냉장고 문을 열었다. 거기 가운데 칸에 유리병 하나가 보였다. 복숭아 잼이었다. 남녘에서 복숭아 농사를 짓는 젊은 친구가 보내준 것이었다. 나는 병을 꺼내 들고 가만히 쓰다듬었다. 추석 무렵 그이는 우리 인터넷 사이트에 긴 글을 올렸다.

"며칠 전에 복숭아 수확을 끝마쳤어요……. 욕먹지 않을 정도인지 이 열매, 저 열매 찾아다니며 맛보느라 나중에는 복숭아만 봐도 신물이 올라올 정도가 되더군요. 성하고 큰 것들 보내고 벌레 먹고 상처 난 복숭아로 수차례 잼을 만들었습니다."

복숭아 농사를 짓던 지난해까지는 나도 해마다 상처 난 열매로 잼을 만들었다. 으깬 복숭아가 냄비 바닥에 눌어붙지 않게 하염없이 저으면서 나는 무슨 생각을 했던가. '안 크는 복숭아를 두들겨 패서라도 키우고 싶고, 벌레와 새들을 어떻게 혼내줄까 째려본다'던 그이의 마음이 헤아려졌다. 봄에서 가을까지 내내 밭에 엎드려 일하고 둥근 달을 보며 '내년에 농사지을 정도의 돈'이 모아지기를 바라는 것이 그리도 이루기 어려운 소망이란 말인가. 우리도 '간장 종지 같은' 그 소망을 이루지 못한 채 복숭아 농사를 접고 이렇게 산골로 들어오지 않았는가. 그이는 이 땅에서 농사짓고 있는 모든 분들이 행복하기를 바라는 소망을 보름달에게 전하겠다는 글로 끝을 맺었다.

허겁지겁 먹으려던 마음을 버리고 나는 기도하는 마음으로 아침상을 차리기로 했다. 제대로 된 농부가 되려면 기다림부터 배울 일이었다. 앞밭에 나가 꼭 하나 남은 마지막 토마토를 땄다. 꼭지 부분이 시커멓게 썩어 있었다. 썩은 부분을 도려내고 예쁘게 잘라 접시에 담고 영양의 사과 농부가 보내준 사과즙도 하나 꺼냈다.

냉장고 안에는 마침 평소에는 귀한 빵도 있었다. 며칠 전 다녀간 남편의 후배를 위해 주문한 거였다. 큰 수술 마치고 회복기에 들어선 그 친구는 유난히 빵이 먹고 싶다고 했단다. 나는 빵 만드는 후배에게 우리 밀 통밀 빵을 주문했다. 색깔도 누렇고 부드럽지도 않지만 씹으면 씹을수록 구수한 맛이 나는 빵이었다. 마지막으로 아랫녘의 농부가 만든 복숭아 잼을 작고 예쁜 그릇에 담았다. 소박하고 단정한 아침상 앞에서 나는 이 상을 차리기까지 내게 인연이 된 사람들을 생각하며 두 손을 모았다.

"고맙습니다. 부디 행복하소서." □

꽃 심는 즐거움

| 種花愁未發 | 꽃을 심을 적에는 피지 않을까 걱정하고 |
| 花發又愁落 | 꽃이 피면 또 지는 것을 근심한다 |
| 開落摠愁人 | 피고 짐이 모두 사람을 시름겹게 하니 |
| 未識種花樂 | 꽃 심는 즐거움을 알지 못하겠구나 |

색 바랜 종이 위에 네모반듯한 글씨로 쓰여 있는 이규보의 「종화種花」를 소리 내어 읽어본다. 처음 글씨 배우는 학생처럼 종이에 한 자 한 자 또박또박 옮겨 적은 글을 책장 옆에 붙인 것이 어느새 3년 전의 일이다. 흑대문집 할아버지네 밭에 콩이며 팥 농사를 처음 짓던 해 겨울이었다.

고령에다 지병이 깊어져 농사가 어려워진 할아버지께서 한 해 묵힌 참깨밭을 우리더러 쓰라고 하셨다. 복숭아 농사만도 벅차다며 남편은 대번에 고개를 저었다. 그렇지만 나는 망초가 우거진 할아버지의 참깨밭이 자꾸만 생각났다. 콩 농사는 쉽다고들 하니 그 밭에 콩을 심자고 나는 남편 귀에 대고 노래를 불렀다.

보기 싫은 망초밭도 가꾸고 콩 농사지어 돈도 벌자는 내 말이 솔깃했는지 아니면 지겨웠는지, 남편이 마침내 그러자고 했다.

망초 거두고 거름 넣고 비탈밭을 갈 때만 해도 콧노래가 나왔다. 걱정이 시작된 것은 8백 평 밭에 둘이서 비닐을 씌우면서였다. 복숭아 봉지도 씌워야 하는데 일손은 없고 시간은 기다리지 않으니 애가 탔다. 겨우 비닐을 씌워놓고 큰일은 마쳤다 했는데, 밭에 콩알을 심는 것이 더 큰일이었다. 너무 깊어 싹이 못 올라오면 어떡하나, 너무 얕아서 비에 씻겨 내려가면 어떡하나, 새들이 다 파먹으면 어떡하나, 별의별 걱정이 다 들었다.

때맞추어 비가 한차례 내리자 기다리던 싹이 올라왔으나 기쁨은 잠깐이었다. 콩보다 더 크게 자라나는 잡초에다 처음 보는 벌레들을 속수무책으로 바라보려니 한숨이 나왔다. 콩대가 사뭇 더디게 크니 꼬투리가 안 달리면 어쩌나 걱정했고, 꼬투리가 커졌다 싶으면 콩알이 여물지 않을까 걱정했다.

수확하면 근심이 끝나겠지 했는데, 콩을 거둔 후에도 마음을 졸여야 했다. 남들보다 수확량이 훨씬 떨어지는 것은 그렇다 치더라도 벌레 먹고 못난 것투성이였던 것이다. 어느 뜨거운 여름날에 옆 밭에서 일하시던 용균 할아버지께서 하신 말씀이 생각났다.

"약 또 안 칠껴? 노린재 약은 꼭 쳐야 혀. 아니면 쭉정이밖에 못 거둬. 내 말을 명심혀야 할 거여."

할아버지 말씀을 명심하지 않은 벌을 그 겨울 내내 호되게 받았다. 내외가 날마다 작은 상 앞에 앉아 콩알을 일일이 손으로 골라야 했으니까. 그러나 콩 고르기가 나쁜 것만은 아니었다. 아니, 콩을 고르면서야 "꽃 심는 즐거움"을 조금이나마 알게 되었다. 썩은 콩, 되다 만 콩, 못난 콩을 고르다보면 나도 모르게 마음이 고요해졌으니까.

올해도 우리는 콩 농사를 지었다. 그렇지만 씨앗 심기에서 거두기까지 걱정과 근심은 별로 줄어든 것이 없는 것 같다. 오늘도 나는 콩을 고르며 또 배우고 있으니, 배움의 끝이 과연 있기는 한 것일까? □

# 또 한 해를 보내며

　어느새 12월. 농사 정보가 빼곡히 적힌 달력을 넘기노라니 지난 일들이 주마등처럼 눈앞을 스쳐간다. 올해는 농한기라는 정월부터 바삐 돌아갔다. 산골에 들어와 처음 심은 콩이 제법 잘 되어 보름 넘게 메주를 쑤었던 것이다. 새해 첫 날도 가까운 산에 올라 해맞이를 하고는 곧장 장작불을 지피고 가마솥에 콩을 삶았다. 메주 뜨는 구수한 냄새를 맡으며 우리는 새로운 계획을 세웠다. 앞밭에 사과나무를 심는 거였다. 해발 750미터에 5월에도 서리가 내리는 고랭지여서 사과 농사는 어렵다고들 했지만, 하루 종일 햇볕이 드는 밭이어서 용기를 내기로 했다.

　겨울의 끝자락에 사과 농사 교육을 받았다. 젊은 강사님은 "생각을 바꾸라"고 했다. 농부는 '사장님'이라며, 이제부터는 사과나무를 일꾼으로 부리라 했다. 그러자 한 어르신이 그 댁에는 일꾼이 2천5백이나 된다며 자랑하셨다. 머리가 허연 학생들이 와그르르 웃으며 고개를 끄덕였다. 모두들 부자가 된 듯한 얼굴이었다. 우리 집 일꾼도 3백은 되겠네, 하며 나도 따라 웃었는데 웃음 끝에 다른 생각이 들었다. '아니, 나는 우리 사과나무를 식구같이 또 자식같이 생각할 거야.' 그러자 아직 심지도 않은 사과나무들이 눈에 보이는가 싶더니 코끝이 찡해졌다.

3월, 언 땅을 파고 지주를 묻는 과수원 시설 작업이 보름 넘게 이어졌다. 시설 작업이 끝나고 묘목이 들어오던 날은 설렘과 걱정으로 잠을 설쳤다. 나무에 주렁주렁 열릴 빨간 사과들을 떠올리면 마음이 부풀었고, 나무들이 벌레와 병을 견뎌낼 수 있을지 걱정되었다. "사과는 농약을 치지 않으면 안 된다"는 사람들의 말에 흔들리는 나와 달리 남편은 꿋꿋했다. 그래, 처음 마음으로 다시 한번 시작하는 거야.

사과나무 묘목을 심던 때는 마침 올해 첫 우퍼(WWOOFER, 유기농 농장을 찾아다니며 일과 문화를 나누는 사람들)가 산골을 찾아왔다. 자신의 뿌리를 찾아 우리나라에 왔다는 재미교포 2세인 유진과 함께 우리는 기도하는 마음으로 사과나무를 심었다. 4월 내내 남편은 땅을 파고 저장고를 지었다. 사과를 저장할 거라 했다. 남편의 설렘이 내게도 전염되었는지, 손가락 굵기만 한 나무들에 주렁주렁 열린 사과가 눈에 보이는 듯했다.

4월의 끝, 사과나무의 꽃망울을 처음 보았던 날에도 서리가 내렸다. 남편은 언 손을 비벼가며 개울 건너 밭에 퇴비를 넣고 땅을 갈았다. 고추 모종을 시집보내고서야(어느 정도 자란 모종을 밭에 옮겨 심는 것) 비로소 봄기운이 느껴졌다.

날이 풀리자 손이 더 바빠졌다. 날짐승들이 떡잎을 잘라먹는 통에 콩이며 곡식 모종을 내야 했던 것이다. 하우스의 모종에 물 주는 일로 하루가 시작되었다. 알곡 씨앗에서 싹이 올라오고 잎이 나는 과정을 지켜보는 것은 기쁨 이상이었다. 그 사이에 산골 다랑이 논도 갈고 모내기도 했다.

오뉴월은 마음 놓고 허리 한 번 펼 틈이 없었다. 큰 밭에 모종을 옮겨 심느라 하루 종일 엎드려 일했다. 서리태를 시작으로 메주콩과 쥐눈이콩에 수수와 기장까지, 일은 끝도 없이 이어졌다. 오전 일 마치고 한숨이 나올 무렵, 구원병 우퍼 둘이 연이어 나타났다. 둘은 이름이 같았다. 젊은 두 데니스 덕분에 휑하던 밭이 연두색으로 빠르게 덮여갔다.

여름은 뜨겁고 가물었다. 한창 물을 먹어야 할 작물들 때문에 걱정이 컸다. 그래도 콩잎이 있어 위로가 되었다. 반가운 가랑비가 내린 아침, 앞밭에서 서리태 잎을 따면서부터 콩잎과의 즐거운 씨름이 시작되었다. 소금물에 삭혀 된장에 박고, 간장에 삭히기도 했다. 찹쌀가루로 풀을 쑤고 고춧가루를 곱게 푼 콩잎 물김치는 익기도 전에 동이 났다. 종일 이어지는 들일을 핑계로 저녁마다 술을 마시는 남편에게 더없이 좋은 안주에다 해장거리가 되었던 것이다. 맑은 물김치는 시원했고 된장 넣은 물김치는 구수했다.

사과나무 가지 유인 작업도 새로운 경험이었다. 하늘을 향해

 올라가려는 가지에 추를 달아 땅과 수평이 되게 만드는 것은 따지고 보면 자연의 이치를 거스르는 일이었다. 하지만 자연을 거스르는 것이 어찌 그뿐일까. 잡초 뽑고 벌레 잡을 때면 삶과 죽음에 대해 생각하지 않을 수 없다. 농사가 달리 스승이랴.

 9월 한 달은 꼬박 고추에 매달렸다. 빨갛게 익은 고추는 보기에도 탐스럽고 단내조차 풍겼다. 어석어석 베어 먹으면 달고 향기로웠다. 고추 따는 내내, 내게 고추는 알맞게 매운 과일이었다.

 10월 들어서자 산골에는 첫서리가 내렸다. 날이 써늘해지니 마음도 바빠졌다. 거둘 것은 사방에 널렸는데, 정작 제대로 여문 것은 드물었다. 여름 가뭄에 작물들이 죄다 몸살을 앓은 데다 고라니까지 수시로 내려왔던 것이다. 제일 크게 자란 것이 겨우 내 허리에 차는 기장을 거두고 나니 된서리가 내렸다. 쥐눈이콩에 이어 메주콩을 베어 내려온 저녁, 남편은 댓병 소주를 반 넘게 비웠다. 수확이 지난해 반에 반도 되지 않았다. 게다가 병이 심하게 온 벼는 아예 수확을 포기해야 했다.

즐거운 일도 물론 있었다. 열매 솎을 때 용케 빠져 살아남은 사과 네 알이 빨갛게 익어 시아버님 제사상에 올린 것이다. 아기 주먹보다 작은 것도 있고 여기저기 상처에 새가 먹은 자국도 있었지만, 내 눈에는 예쁘기만 했다. 첫 사과는 향도 좋고 맛도 새콤달콤해서 두고두고 자랑거리가 되었다.

11월은 첫눈으로 시작되었다. 쭉정이가 더 많은 수수와 서리태를 거두고, 마지막 팥을 베던 날은 하늘까지 음울하더니 그예 빗방울이 떨어졌다. 그렇게 시작된 비가 여러 날 이어졌다. 앞밭에서 말리던 알곡들은 군데군데 썩고 곰팡이가 피었다. 어렵사리 말린 곡식을 탈곡기로 털고, 남은 꼬투리와 대궁은 선풍기 바람으로 날렸다. 팥 날리던 날은 바람이 자꾸 거꾸로 불어 티가 눈에 들어가는 바람에 눈물을 흘려야 했다.

그렇게 거둔 곡식을 고르는 사이 겨울이 깊어갔다. 한 해가 또 저물고 있다. 신기한 것은 힘이 들어 주저앉고 싶을 때마다 어디선가 천사가 나타난 거였다. 봉화, 괴산, 인천, 서울, 충주, 강릉, 부산, 울산, 원주, 밀양, 프랑스, 싱가포르, 말레이시아, 일본 그리고 미국에서 온 천사들. 그이들 덕분에 올해도 잘 살았다. 참 고맙다. □

# 즐거운 시시포스

산골에서의 첫 해가 정신없이 지나가고 있다. 이른 봄, 언 땅이 풀리기를 기다려 논 만들고 밭 만들고 나서 겨우 한숨 돌리나 했더니 이번에는 밭에 심을 곡식들 모종을 내야 한단다. 5월 하순에도 서리가 내리는 데다 날짐승들이 많아 밭에 씨를 직접 뿌리는 직파는 안 된다 했다. 콩이며 팥, 수수에 기장까지 트레이(칸칸이 씨앗을 넣게 되어 있는 모종 상자)에 씨를 부어 하우스에 넣고는 아침저녁으로 물을 주고 작대기를 들고 불침번을 섰다. 새들 무서워 모종을 내니 이번에는 다람쥐와 생쥐란 놈들이 트레이에 넣은 씨앗과 여리게 올라오는 싹을 넘보는 거였다.

한 뼘쯤 키가 자란 모종을 밭에 옮겨 심는 사이에 여름이 왔다. 개울 건너에 있는 밭은 사래 긴 밭이어서 둘이서 종일토록 심어도 네 줄을 넘기기 어려웠다. 게다가 집을 짓고 있었기에 공사하는 사람들 식사까지 챙겨야 했다. 하루 세 끼에 새참까지, 몸으로 일하는 이들이니 신경이 이만저만 쓰이는 것이 아니었다. 가장 가까운 읍내만 해도 30분이 더 걸리니 반찬 걱정이

가실 날이 없었다.

두 달 만에 싹을 올린 늦장꾸러기 율무 모종을 앞마당에 옮겨 심던 날이었다. 점심 쌀을 씻는데 갑자기 허리 아래로 찬바람이 쌩 지나가더니 거짓말같이 한 발자국도 뗄 수가 없었다. 일 대충 끝나면 몸살이 된통 올 거라고 생각했는데 허리가 먼저 탈이 난 거였다. 차라리 몸살이 왔으면 좋았을걸. 병원에도 다니고 침도 맞았건만 허리는 별로 좋아지지 않았다. 사방에 일이 널려 있었으니 몸 보전하고 쉴 수가 없었다.

여름의 끝자락에 결정타가 날아왔다. 비바람이었다. 하루걸러 비가 내려 일찍 심은 기장이 쓰러질까 조바심을 치던 때였다. 밤새 사납게 불던 바람이 다음날 낮까지 이어지던 날, 거실에 누워 비바람에 넘어가는 기장을 속수무책으로 바라보았다. 허리는 아프고 기장은 쓰러지는데, 창을 타고 주르륵 흘러내리는 비처럼 내 뺨 위에도 눈물 한 줄기가 흘렀다.

비가 그치니 이번에는 우리 집 멍멍이 개투 녀석이 심상치 않았다. 먹는 것이라면 자다가도 벌떡 일어나는 녀석이 사료는 물론 그 좋아하는 과자를 주어도 본 척 만 척이었다. 남편은 개투를 데리고 병원에 가고, 나는 큰 밭에 올라 기장을 일으켜 세우는 날들이 이어졌다. 쓰러진 기장도 그렇고 쓰러진 개투도 그렇고. 마음을 추스르려 했지만 자꾸 쓸쓸했다.

이제는 끝났겠지 했던 비가 바람과 함께 다시 찾아왔다. 일으켜 세운 기장이 비바람에 다시 쓰러졌다. 세 가닥이 하나로 묶인 채 줄줄이 쓰러진 기장이 내게 손을 내미는 것 같았다.

"그래, 넘어지면 일으켜 세우고, 다시 쓰러지면 또 일으키고."

한 줄을 끝내자 마음이 담담해졌다. 두 줄을 끝내 놓고는 미소까지 지어졌다. 그래, 나는 즐거운 시시포스가 되리라. 죽을 힘을 다해 산꼭대기로 밀어 올리면 다시 아래로 굴러 내려가는 바위. 어차피 해야 할 일이라면 가볍고 즐겁게 하리라.

생각해보니 지난해 앙성에서도 비슷했다. 그때는 무릎이 아팠다. 어린 복숭아 열매에 봉지를 씌울 때부터 시원치 않았던 무릎이 공처럼 부풀어 올라 콩을 심을 때는 걸을 수조차 없었다. 고마운 이웃들의 도움으로 콩이며 팥이며 겨우 심어놓고는 과수원에는 아예 올라가지도 않았다. 일 보고 못 본 척할 수 없으니까. 게다가 남편 말에 의하면 벌레에 진딧물, 병까지 와서 복숭아나무가 엉망이라 했다.

조생종 복숭아를 따러 오랜만에 과수원에 올라가는 길, 가슴이 두근거렸다. 기대도 낙담도 하지 말고 있는 그대로 받아들이자고 마음을 다졌다. 그렇지만 진딧물로 오그라진 잎들을 보자 한숨을 쉬고 말았다. 남편의 표정에는 아무런 변화가 없었다. 그동안 혼자서 이리 뛰고 저리 뛰고 하면서 공부가 된 모양이었다.

우리는 과수원 아래쪽 나무부터 살피기 시작했다. 역시나 병이 온 열매가 대부분이었다. 성하다 싶은 열매는 새가 용케 알고 갉아 먹었다. 날씨도 도와주지 않았다. 봄 내내 건조했다가 여름 들어 고온과 함께 비가 줄곧 내렸다. 일찍 온 더위에 한꺼번에 커져 지레 익어버린 열매는 씨가 반으로 갈라지고 살이 물러버렸다. 무거운 침묵 속에서 나무를 살펴보던 남편이 혼잣말 하듯 중얼거렸다.

"이 나무는 성한 게 한 알도 없어."

남편 말대로 그 나무에는 온전한 복숭아가 한 알도 없었다. 상처 나고 병든 열매들이 크기는 왜 그리 크고 단내는 또 왜 그리 나는지. 슬픔과 짜증이 가슴을 치며 올라오는데 느닷없이 원효대사가 추었다는 무애춤이 생각났다. 내 비록 세상 이치는 모르지만, 세상사 어디에도 걸림 없는 자유인의 흉내를 내보는 거야 괜찮겠지. 어떻게 추는 줄도 모르는 무애춤을 춘다며, 나는 양팔을 펼치고 나무 주위를 크게 한 바퀴 돌았다. 그러고 있는 내가 어이가 없어 웃음이 났다. 아무튼 눈물 바람은 면한 셈이었다. 그날 남편도 허허 웃었던가?

개투가 가던 날은 가랑비가 내렸다. 그날도 나는 아미타불을 부르며 기장을 일으켜 세웠다. 나고 죽음이 하나라고 하지 않던가. □

된장 마사지

　장독대가 제법 그득하다. 올 봄에 담근 장만 모두 열 항아리다. 메주콩 된장이 두 항아리에 쥐눈이콩 된장 하나, 막장 하나, 찹쌀고추장과 보리고추장이 각각 두 항아리, 그리고 간장 두 항아리. 거기에 묵은 된장과 묵은 간장 한 항아리씩을 더하니 모두 열둘이나 된다. 그중 메주콩 된장 항아리 하나는 벌써 바닥이 보이기 시작한다. 맛있다는 소리만 들으면 신이 나서 퍼주었던 것이다. 장을 그렇게 많이 담근 것은 올해가 처음이어서 자신이 없던 차에 맛나다는 말만 들으면 흥분했던 모양이다.
　그런데 알고 보니 담그는 것보다 더 어려운 것이 장 갈무리였다. 깊은 산골이라 공기 청량하겠다, 남향이라 종일 해 잘 들겠다. 장 담그고 보관하기에는 안성맞춤일 거라 생각했는데. 문제는 벌레였다. 메주 담글 때부터 이것저것 일러주시던 마을 어르신들이 항아리 뚜껑을 열어놓으면 큰일 난다고 한결같이 손사래를 치셨다. 망으로 여러 겹 꽁꽁 싸매고 유리 뚜껑을 덮어도 벌레가 파고들어 간다고 하셨다.

그 말씀을 처음 들었던 지난 봄, 나는 거의 초주검이 되었다. 무식하면 용감하다고, 얇은 망사로만 싸맨 장 항아리 뚜껑을 매일 열어놓았던 것이다. 그 많은 장에 벌레가 슬면 어떡하나, 걱정이 되어 수도 없이 뚜껑을 열어보았다. 다행히 벌레는 보이지 않았다. 나는 그날로 망사 위에 양파 자루를 겹쳐서 덧씌운 다음 제법 도톰한 무명 다포로 한 번 더 싸맸다.

비가 유난히 잦았던 여름이 지나가고 가을에 들어서자 종일 햇볕이 좋은 날이 이어졌다. 햇볕이 좋으니 장 항아리 뚜껑을 열어놓고 싶은 마음이 다시 슬며시 일어나기 시작했다. 어르신들은 항아리 자체가 숨을 쉬기 때문에 괜찮다고 하셨지만, 아무래도 성이 차지 않았다. 해가 나면 꼭 항아리 뚜껑을 열어놓으시던 친정어머니도 생각났다.

게다가 된장 항아리 하나에 하얀 곰팡이가 한두 송이 비치기 시작했다. 산골에는 복병이 하나 더 있었던 것이다. 가을 들어서며 아침저녁으로 갑자기 써늘해지면서 일교차가 급격하게 커졌다. 심한 날은 낮과 밤의 기온 차이가 20도가 넘으니 결로현상이 심하게 나타났다. 어떤 날은 밤새 비라도 내린것 같이 항아리들이 물을 뒤집어쓰고 있기도 했다. 그 때문인지 그토록 애지중지 아끼는 된장에 흰 곰팡이가 피려는 거였다.

나는 모험을 감행하기로 했다. 모험에 앞서 항아리에 양파 자루를 한 겹 더 씌웠다. 항아리는 이제 네 겹의 옷을 입고 있었다. 속곳같이 얇은 망사 위에 붉은색 양파 자루, 빙그레 웃는 얼굴이 그려진 하얀 무명 보, 그리고 초록색 양파 자루. 한 겹 한 겹 입힐 때마다 고무줄로 꼭꼭 동여매는 것도 잊지 않았다. 그렇게 중무장을 시키고도 처음으로 항아리 뚜껑을 열던 날은 벌레가 무서워 거의 불침번 수준으로 장독대 곁을 지켰다.

항아리 뚜껑을 여는 모험은 생각보다 일이 많았다. 옷을 네 겹이나 입혔지만 해질 무렵이면 혹여 그새 벌레가 들어갔을까, 장을 하나하나 확인해야 했다. 네 겹 옷에 항아리 뚜껑까지 모두 다섯 겹. 항아리가 열두 개이니 열고 덮는 횟수가 모두 120차례나 되었다. 진력이 나서 "어이구" 소리가 저절로 날 즈음이면 흰 무명보에 그려진 웃는 얼굴이 나타났다. 웃는 얼굴에 침 못 뱉는다고, 나도 따라 빙그레 웃는 수밖에. 그리하여 그 즈음에는 하루에도 수십 번을 혼자 웃었다.

된장을 사수하려는 마음은 그러고도 성이 차지 않았다. 다시 여기저기 알아보았으나 뾰족한 방법은 없는 것 같았다. 대개는 장 위에 소금을 더 얹으라는 거였는데, 그 방법은 된장이 짜질 터이니 썩 내키지 않았다. 인터넷을 뒤져 새로운 방법을 하나 찾아냈다. 이름하여 '된장 마사지'. 된장 표면을 마사지해주면 곰팡이가 피지 않는다는 거였다.

나는 그 방법을 쓰기로 했다. 우선 마사지 도구로 쓸 나무 주걱을 깨끗이 씻어 햇볕에 바짝 말려놓았다. 햇볕이 제일 강할 때 항아리 뚜껑을 열었다. 고무줄로 꽁꽁 처매놓은 네 겹의 옷을 벗기고 항아리 안에 손을 넣어 나무 주걱으로 된장 표면을 가만가만 토닥거리고 쓰다듬었다. 가을이라지만 목덜미에 닿는 한낮의 햇볕이 따갑고 팔도 은근히 아파 땀이 비질비질 났다. 마사지를 마치고 항아리에 네 겹의 옷을 다시 입히고 뚜껑을 닫을 때면 어지럼증이 살짝 일기도 했다.

며칠 전 햇살 좋은 날, 된장 마사지를 마치고 현관에 들어서니 전화벨이 울렸다. 직장 후배가 여러 번 전화를 걸었다며 무슨 일로 그리 바쁘냐고 물었다. 된장 마사지를 했다는 내 말에 후배의 목소리가 커졌다.

"생전 화장도 안 하던 사람이 된장 마사지씩이나? 그런데, 그게 대체 어디에 좋대요?"

나는 터져 나오려는 웃음을 누르고 대답했다.

"그게 말이야, 얼굴 하얗고 보드랍게 만드는 데 최고라네." □

돌아보기

시골에 내려온 지 어느새 13년이 되어간다. 서울에서 나고 자라 괜찮다는 직장에 다니며 나름대로 잘 살고 있던 내가 시골로 온 것은 남편 때문이었다. 동갑내기인 우리가 처음 만났던 때부터 남편은 마흔이 되면 농부가 되겠다고 입버릇처럼 말했다. 서른 살 내게 마흔은 절대로 오지 않을 것 같은 너무도 먼 미래였다. 그렇지만 10년은 살같이 흘러갔다. 마흔둘 되던 해, 남편이 시골로 가자고 했다. 이 사람은 정말 절실하구나, 하는 생각이 들었다. 나를 돌아보니, 나에게는 서울에서 꼭 붙들어야 할 것이 없었다. 나는 그러마고 했다.

시골행을 결정하고 처음 본 땅에 우리는 덜컥 자리를 잡았다. 남편의 선배가 소개해준 땅에는 내 생전 처음 보는 커다란 느티나무가 서있었다. 그 느티나무에 반해버린 것이었다. 실수였다. 느티나무 옆에 자리잡은 것이 실수가 아니라 우리가 살아야 땅에 대해 전혀 공부하지 않은 것이 실수였다.

첫 단추를 잘못 꿰어서였는지, 문제가 줄줄이 이어졌다. 제일 중요한 농사부터 그랬다. 농사를 짓겠노라고 그토록 노래를 불렸던 남편은 사실, 농사에 대해 전혀 알지 못했다. 살면서 몸으로 익히리라, 그렇게 생각했단다. 그 말도 일리가 있었던 것이, 만약 농사에 대해 눈곱만큼이라도 아는 것이 있었다면 그리 쉽게 내려올 수 없었을 것이다.

남편은 또 농사는 자기가 다 지을 테니 나는 좋아하는 책이나 읽으면 된다고 했었다. 그 말도 나는 믿었다. 시골에서 처음 맞는 겨울에 나는 진짜로 원 없이 책을 읽었다. 그렇지만 첫번째 농사철이 채 가기도 전에 농사란 혼자서는 할 수 없는 일이란 것을 알게 되었다.

농사는 대단히 어려웠다. 첫해는 들기름 두 병, 두번째 해는 앞밭에서 지은 고추 농사로 번 50만 원이 소득의 전부였다. 본격적인 작물로 시작한 두릅은 죽을 쑤었다. 집에서 한 시간쯤 떨어진 곳에 밭을 얻었는데 잘 나오는 두릅 순을 누군가가 다 베어가고 말았다. 이웃 마을에 얻은 땅에 지은 고구마와 호박은 거두지도 못했다. 마음이 바뀐 주인이 수확철 경운기가 올라가는 길에 배추를 심어버린 거였다.

우리는 집에서 조금 떨어진 산골짜기에 작은 다랑논을 마련했다. 이듬해는 논 옆에 작은 복숭아 과수원을 마련하여 벼와 복숭아 농사를 지었다. 선진 농원으로 견학도 다니고 친환경농업 단체의 교육도 쫓아다녔다. 유기농 인증도 받고 열심히 했지만 소득은 크게 나아지지 않았다.

자연에 두들겨 맞은 적도 있었다. 3년 전이었다. 날씨가 유난했다. 봄 가뭄이 극심하더니 복숭아가 익을 무렵부터 비가 줄곧 내렸다. 비에 한꺼번에 자란 복숭아가 리듬을 잃었는지 주저앉고 말았다. 복숭아를 생물로 내는 것을 포기하고 모두 즙을 내야 했다. 무쇠 같은 남편도 무너졌다. 이틀 만에 애매미충이 온 과수원에 번져 혼비백산했던 것도 아픈 기억이다.

판매도 문제였다. 농사도 어려운데 장사도 해야 했다. 우리같이 농약과 화학비료 안 친 농산물은 일반 시장에서는 아예 경쟁이 되지 않았다. 수확량에서 밀리고 볼품도 없으니까. 소비자를 직접 찾아나서는 방법밖에 없었다. 2000년 8월, 우리는 당시 살았던 마을의 이름을 따서 '앙성닷컴 http://www.angsung.com' 이라는 인터넷 사이트를 개설했다.

판매만큼 중요한 목적이 또 있었다. 40년 넘게 도시에서만 살았던 사람으로서 도시와 농촌을 잇는 일에 조금이라도 도움이 되고 싶었다. 예전의 나처럼 농사와 농촌에 대해 관심도 없고 또 모르는 이들에게 농사의 즐거움과 어려움 그리고 자연이 주는 위로를 알려주고 싶었다. 올해로 만 10년을 맞는 이 사이트는 우리에게 없어서는 안 될 허공의 집이 되었다. 우리는 이곳에서 도시의 사람들과 소통하며 그이들에게서 따스한 격려와 응원을 받는다.

생전 처음 내 손으로 심은 콩이 싹을 올리던 날을 지금도 생생하게 기억하고 있다. 앞밭에 콩 세 알씩을 넣은 지 일주일쯤 지났을까, 그날도 콩을 들고 앞밭에 나갔는데 첫째 날 심은 메주콩이 전날 내린 비에 일제히 싹을 올렸다. 마치 선생님을 향해 저요, 저요 하고 손을 번쩍 들고 있는 아이들 같았다. 제 몸뚱이보다 더 큰 흙덩이를 머리에 얹은 채 싹을 올린 녀석을 보는 순간 눈물이 핑 돌았다. 씨앗은 정말 힘이 세구나, 나도 모르게 중얼거렸다.

시골에 내려와 처음 몇 년 동안 내게는 버릇이 하나 있었다. 세상 사람들을 둘로 나누는 거였다. 예를 들면 피사리를 해본 사람과 피사리를 해보지 않은 사람, 잡초를 뽑아본 사람과 잡초를 뽑지 않은 사람, 콩알 10만 개를 심은 사람과 콩알을 심어보지 않은 사람, 이런 식이었다. 그러면서 나는 농사를 짓노라고 마음속으로 잘난 척을 했던 시절이 있었다.

어느 때부터인가 농사를 짓는다는 말을 하기가 어려웠다. 나는 그저 조금 도와주는 것일 뿐. 농사는 사람하고는 비교할 수 없이 큰 존재의 근원을 돌아보게 만든다. 그래서 비록 잠깐씩이지만, 낮고 순한 마음을 갖게 되는 것 같다. 농사에는 또 묘한 힘이 있다. 바닥이 보이지 않는 막막함을 떨쳐내고 다시 앞으로 나아가게 만드는 그 힘을 나는 자연의 위로라고 부른다. 만약 사람에게 그렇게 채이고 밟혔다면 그만 고꾸라지고 말았을 것이다. 이길 수 없다는 것을 알고 하는 일이니, 그때그때 최선을 다할 뿐이다.

2년 전에 우리는 10년 동안 살던 곳을 떠나 봉화 산골로 들어왔다. 750미터 고랭지에 우리는 남회룡에 하나밖에 없다는 논을 만들었다. 지난 봄에는 앞밭에 사과나무를 심었다. 주는 대로 거두리라, 그리 생각하고 있다.

이렇게 농사지으며 사는 것이 싫지 않다. 아니, 참 잘한 일이라는 생각이 든다. 몸이 곤해도 해가 뜨면 저절로 눈이 떠지는 것이 즐겁다. 돈은 없지만, 돈을 주고도 살 수 없는 것들이 사방에 있으니 마음이 넉넉하다. 오래도록, 죽을 때까지 농사짓고 살 수 있으면 좋겠다. 꼭 필요한 일이기도 하지만, 무엇보다도 내가 좋아하고 또 할 만하다고 믿기 때문이다. ▫

사람 세월은 살같이 흐르고

철없는 남편

1.

과수원에서 풀 베고 돌아온 남편이 저녁상에서 소주 한 병을 야금야금 마시며 실없는 사람처럼 실실 웃었다. 뭔 일이래? 하는 표정으로 바라보니 남편 왈,

"풀 베고 논을 돌아보는데 아랫 다랑이에서 놀던 청둥오리 한 쌍이 내 발소리에 놀라 후다닥 날아갔어. 두번째 다랑이를 지나는데 이번에는 고라니 한 놈이 나랑 눈이 딱 마주쳐서는 한 길은 되게 뛰어올라 달아나는 거야. 얼마나 놀랐는지, 이렇게 펄쩍 뛰어서(두 손으로 고라니가 뛰는 흉내를 냄) 달아나는 거야. 녀석, 둔하기는! 청둥오리가 날아갈 때 눈치 채고 도망갔어야지. 눈이 이따만 하게 휘둥그레져서는. 근데, 예쁘기는 정말 예쁘데!"

"한창 익어가는 찰벼 사이를 그렇게 뛰어 놀았단 말이야? 우리 찰벼는 그럼 어찌 되었을꼬?"

내 물음에 남편이 이번에는 도인 같은 표정으로 말했다.

"제 놈이 망쳐야 얼마나 망치겠어. 같이 나누어 먹는 거지, 뭐. 그리고 예쁘잖아!"

"뭐라? 예쁘면 다 용서가 된단 말이야?"


2.

차조 농사는 올해가 처음이다. 간장골 과수원 위의 작은 밭에 씨를 넣고 꼭 김 한 번 매주고는 복숭아 농사에 치여 돌보지 못했다. 몇 걸음만 더 올라가면 되는데, 복숭아 작업 끝나면 그만 진이 빠져서 번번이 그냥 내려오고 말았다. 미안한 마음에 며칠 전에는 아예 차조밭으로 먼저 올라갔다. 거기, 강아지풀 비슷하게 생긴 키 큰 녀석들이 바람에 물결치고 있었다. 돌보지 못한 사이에 혼자 자라나 어느새 이삭을 내민 녀석들이 너무도 고맙고 대견해서 곁에 있던 남편에게 말했다.

"장하네. 빠짐없이 거의 다 나왔네!"

남편은 입맛을 다시고 있었다.

"밥에 놓아 먹으면 맛있겠다! 팥도 같이 넣고!"

"아니, 어떻게든 잘 거두어서 팔 생각을 해야지. 자기 먹을 생각부터 하고 있으니, 이 사람 농사꾼 맞아?"

"아, 난 농사꾼이지. 장사꾼이 아니고."

"그럼, 난 장사꾼이란 말이야?"

"그러게."

3.

복숭아 잎 뒷면에 창궐한 애매미충 때문에 혼비백산하여 이것도 해보고 저것도 해보느라 정신없이 이리 뛰고 저리 뛰던 때였다. 그 와중에 서울 나들이를 했다. 아마다블람 등반 때 셰르파 왕초였던 옹추가 우리나라에 왔던 것이다. 산 선배님이 참가한 에베레스트 원정대의 보고회를 겸한 모임이었다. 머리를 짧게 깎은 옹추와 나란히 앉은 남편을 보며 사람들이 한마디씩 했다.

"형제라 해도 믿겠네. 어찌 그리 똑 닮았어요?"

아닌게아니라 둘이 많이 비슷했다. 옹추도 그리 생각했는지, 자기가 동생이고 남편이 형이라며 웃었다. 그날 밤에 우리는 대취했다. 후배네 집으로 가는 차 안에서 남편이 큰소리를 쳤다.

"올해 복숭아 농사 기필코 잘 지어서 겨울에 히말라야 갈 거야! 꼭 갈 거야!"

올 복숭아 농사는 별 볼 일 없이 끝나가고 있었고, 게다가 애매미충 피해로 벌써 내년 농사를 걱정해야 할 판인데. 남편보다 조금 덜 취한 내가 한마디 했다.

"현실을 직시해야지. 히말라야라니. 도봉산에도 못 가면서."

그 밤, 남편은 푸모리에 오르는가 싶더니 내친 김에 에베레스트까지 올랐다. 보고회에서 받은 화보를 뒤적이면서.

4.

어제 아침에는 부부가 함께 철없는 짓을 했다. 간밤에 잠을 설친 바람에 논둑 달리기가 조금 늦었다. 논둑을 두 바퀴째 달리다가 희자네 아주머니와 마주쳤다. 그댁 고추 따는 날이란다. 러닝셔츠가 흠뻑 젖은 채 저 앞을 달리는 남편을 가리키며 아주머니가 말했다.

"저렇게 힘을 빼면 농사는 무슨 힘으로 지어?"

내게 하는 말이기도 했다. 논둑을 네 바퀴 돌았을 때 희자네 밭에서는 고추 따기가 시작되었다. 나는 계속 논둑 위를 달렸다. 전에는 일하는 이들이 보이면 달리기를 멈추곤 했다. 남들은 일하는데 나는 달리기를 하는 것이 어쩐지 미안했다. 그렇지만 어제는 달리기를 멈추지 않았다. 소소하지만 내게는 중요한 일상을 지키고 싶었다. 남편이 고추밭 옆을 지나는데, 누군가 밭에서 일어나 고개가 아프도록 남편 뒤를 눈으로 쫓고 있었다. 달리기가 그토록 구경거리일까? 우리가 구경거리일까? 아니면 달리기하는 우리가 구경거리일까?


5.

어제는 바람도 강하게 불고 비도 내리더니 오늘은 해가 났다. 제발 비가 안 오면 좋겠다. 작물이 익어가는 때, 요즘 내리는 비는 하나도 도움이 안 된다. 남편은 수확을 모두 끝낸 복숭아나무에 감사 비료를 주고 내려왔다. 풋고추 몇 개와 김치 한 사발로 밥 두 그릇을 뚝딱 비우더니 코 고는 소리를 내며 낮잠을 자고 있다. 얼굴이 편안하고 가끔 웃음기가 도는 것이 꿈속에서 또 히말라야를 오르는 모양이다. ▫

## 초보 파이팅!

투표하던 날은 매섭게 추웠다. 앞밭에 하얗게 서리가 내려앉았다. 겨울이 다시 오려는가, 바람조차 거칠었다. 구불거리는 산길을 지나 투표를 마치고 마침 5일장이 열리는 춘양으로 갔다. 할 일이 많았다. 병원 가고, 장 보고, 자동차 타이어도 갈아야 했다. 기름 값 걱정에 한 가지 일만으로는 읍내 나들이를 망설이게 된다.

병원은 물리치료를 받으러 오신 어르신들로 만원이었다. 여기저기서 어이구! 소리가 났다. 앉고 일어설 때마다 당신들도 모르게 내시는 소리였다. 이쪽저쪽 두리번거려도 내가 제일 젊었다. 이윽고 내 차례가 왔다. 얼마 전에 대구에서 받은 간단한 수술 부위에서 실밥을 뽑아야 했다. 처치실에 누워 있는데 맛있는 냄새가 났다. 병원 옆이 방앗간이었던 것이다.

고소한 참기름 냄새에다 구수한 떡 냄새에 갑자기 시장기가 돌면서 배에서 꼬르륵 소리가 났다. 처치 도구를 준비하던 간호사가 살짝 웃었다. 무안함에 얼굴이 벌건 중에도 나는 맛난 것을 줄줄이 떠올렸다. 병원 문을 나서자마자 나는 남편에게 물었다.

"무얼 먹을까?"

기다렸다는 듯이 남편이 대답했다.

"자장면!"

내가 처치실에서 인절미에 호떡, 붕어빵과 어묵을 떠올리던 시간에 남편은 대기실에서 자장면을 떠올렸나 보다. 병원 앞에 중국집이 있던가? 남편의 어조가 하도 단호해서 나는 "그러지, 뭐" 하고 말았다. 호떡이랑 붕어빵은 디저트로 먹어도 되고 사 가지고 집에 가서 먹어도 되니까.

우리는 자장면과 짬뽕을 나누어 먹고 장 구경에 나섰다. 늘 보던 것들 사이에 묘목과 봄 화초들이 눈에 띄었다. 한 장에 2천 원 하는 작업복 바지를 사고, 잎 따먹는 들깨 씨앗도 샀다. 시장통의 단골 호떡가게에 들렀더니 "점포 세놈"이라는 종이가 붙어 있었다. 장사가 그런대로 괜찮다 했는데 왜 문을 닫았을까? 처음이라 서툴러서 호떡을 자꾸 터뜨린다며 미안해하던 젊은 여주인이 생각났다.

장 순례의 마지막은 어묵과 붕어빵을 파는 포장마차였다. 날이 차니 뜨끈한 어묵 국물이 제격이었다. 배가 불러 붕어빵은 거를까 했는데, "붕어빵은 오늘이 마지막"이라는 아주머니의 말에 1천 원어치를 싸 달랬다. 어느새 저녁이면 팥이 쉬어버린단다. 붕어빵 내리고 무얼 하면 잘 될까, 나는 공연히 신경이 쓰였다.

그날은 밤새 비바람이 사납게 쳤다. 오두막 함석지붕이 날아갈까 봐 여러 번 밖에 나가보았다. 비는 다음날도 이어졌다. 입도 궁금하고, 부침개나 부칠까 하고 밀가루를 찾는데 지난번에 조카가 들고 온 호떡믹스가 눈에 띄었다. "그런 것도 다 있니?" 하는 내 말에 조카는 "돈 없으면 오두막에서 호떡이나 부쳐 먹지" 하고 유행가 가사를 흉내내며 깔깔 웃었다. 나도 덩달아 웃으며 찬장에 넣어두고는 까맣게 잊고 있었던 것이다.

세상이 참 편해졌구나 하며 호떡믹스를 꺼내기는 했는데, 내가 과연 그걸로 호떡을 만들 수 있을까 싶었다. 긴가민가하며 포장지에 쓰여 있는 대로 따라했더니 신기하게도 호떡이 만들어졌다. 모양이 찌그러지고 군데군데 터지기도 했지만 맛도 그런대로 괜찮았다. 그렇지만 내 손으로 호떡을 만드는 건 그것이 처음이자 마지막일 것 같았다. 호떡가게에 붙어 있던 "점포 세놈"이란 글자와 터진 호떡을 건네면서 겸연쩍게 웃던 젊은 여주인이 자꾸 떠올랐다.

생각해보니, 길지도 않은 시간에 호떡과 관련된 사연이 꽤 있었다. 산골에 들어와 처음으로 둘이서 읍내에 갔던 날이었다. 철물점에서 필요한 것을 사고 우리는 호떡가게를 찾았다. 시장기가 돌기도 했지만, 둘 다 겨울이면 유난히 호떡을 챙겼던 것이다.

읍내를 한 바퀴 돌아서 찾아낸 호떡가게는 뜻밖에도 터미널 안에 있었다. 포장마차가 아닌 것도 의외였다. 유리문에 '호떡이라 써있는 가게 안을 살펴보아도 호떡 굽는 철판이 보이지 않아 돌아서려는데 아주머니가 무엇을 찾느냐고 물었다. 호떡이라 하니 아주머니는 선반에서 프라이팬을 꺼내 가스 불을 켰다. 우리는 뜨악한 표정으로 아주머니를 지켜보았다. 우려와 달리 아주머니의 호떡은 예사롭지 않았다. 찰진 데다 기름기도 많지 않고 계피 냄새가 향기로웠다. 그렇지만 프라이팬 호떡은 그 후 두어 번밖에 먹지 못했다. 얼마 지나지 않아 가게 주인이 바뀌었고 새 주인은 호떡을 굽지 않았다.

해가 바뀌고 오두막이 대충 자리를 잡게 되자 읍내 나갈 일이 뜸해졌다. 5일장 서는 날에 맞추어 오랜만에 나가보니, 시장 안에 호떡가게가 새로 생겼다. 젊은 여주인이 그날 처음 문을 열었다며 우리를 반겼다. 한쪽에는 어묵과 순대도 있었다. 장사가 처음이라는 주인은 호떡을 자꾸 터뜨렸다. 그래도 그날부터 우리는 그집 단골이 되었다. 남편 혼자 읍내에 다녀왔던 날, 호떡을 건네주며 남편이 말했다.

"혼자 있으면 잘되는데 누가 지켜보고 있으면 자꾸 터진다네."

"그럼 지켜보지 말고 뒤돌아 서있지 그랬어."

내 말에 남편이 허허 웃었다. 젊은 여주인 앞에서 내외하는 사람처럼 등을 보이고 서있는 남편의 모습을 떠올리며 나도 웃었다.

설날을 며칠 앞둔 날, 장을 보고 호떡가게에 들어서니 여주인이 그날은 장사가 잘되어 순대만 10만 원을 넘겨 팔았다고 자랑했다. 부지런히 돈을 벌어 도시에서 일하는 남편과 합칠 거라면서 소리내어 웃었다.

"오늘은 정말 호떡가게에 불난 것 같았어요."

나도 덩달아 마음이 설렜다.

"제발 날마다 오늘만 같아서 식구들이 얼른 모여 살면 좋겠네요."

내 말에 기분이 더 좋아졌는지 여주인은 어묵을 벌써 2천 원어치나 먹은 남편에게 세 개 더 먹으라며 인심을 썼다. 호떡 굽는 실력은 늘지 않았는지 그날도 여섯 개 중 다섯 개를 터뜨리고 말았다. 돈을 받으며 여주인이 겸연쩍게 웃었다.

"사실 이렇게 만들어놓고 돈 받기가 미안해요."

미안해하는 젊은 친구가 안쓰러웠다. 나도 못난 복숭아며 콩이며 팥을 보내놓고 돈을 받기가 늘 미안했다. 나는 호떡 봉지를 받아들며 말했다.

"누구나 다 초보시절이 있는 거예요."

그이를 보고 말했지만 내 스스로에게 한 말이기도 했다. 그렇지민 농사 경력 10여 년에 아직도 초보 딱지를 떼지 못했다면 직무유기 또는 자격상실 아닐까? 젊은 여주인이 장사를 접은 이유가 호떡을 자꾸 터뜨려서가 아니기를. 잘 짓지도 못하는 농

사를 10년이 넘게 꿋꿋하게 지키고 있는 나 같은 사람도 있지 않은가. □

## 어머니, 당신이 그립습니다

친정어머니를 꿈에 뵈었다. 세상 떠나신 지 10년이 넘었건만 어머니가 꿈에 나타나신 것은 몇 번 되지 않았다. 복숭아 농사를 접어야 하나, 마음이 몹시 산란하던 때였다. 잠 못 이루는 내게 마음을 여미라고 어머니가 나타나셨던 것 같다. 그 밤 나는 오래도록 어머니를 추억했다. 사람은 가고 없는데 그토록 또렷한 기억이 허망하고 야속했다.

시골로 내려오기 바로 전의 일이었다. 짐을 싸려고 책장을 정리하다가 어머니가 즐겨 읽으시던 불경 속에서 메모지 뭉치를 발견했다. 앞면에는 '관세음보살'이 줄 맞추어 적혀 있고 뒷면에는 반야심경이 빼곡히 적혀 있었다. 어머니의 글씨체였다. 메모지 가득한 어머니의 글씨에 머릿속이 하얘지는가 싶더니 짐승 같은 울음이 터져 나왔다.

어머니가 기도하듯 관세음보살을 쓰신 종이는 내가 다니던 직장의 메모지였다. 모눈종이처럼 가로세로 칸이 그어져 있었다. 아파트 입주 시기 때문에 잠시 어머니의 아파트에서 함께 지내던 때였다. 그러고 보니, 어느 날 내 주머니에서 나온 메모지를 보고 어머니가 "괜찮으면 그 종이 좀 갖다주련?" 하셨던 것이 생각났다. 어머니는 큰오라버니를 위해 관세음보살을 쓰고 싶으셨던 것이다.

당시 큰 오라버니는 위암이 재발하여 몹시 힘겨운 투병생활을 하고 계셨다. 고령에 심장도 약하셨던 어머니에게 오라버니의 발병 사실을 일년 넘게 숨기고 있었는데, 더이상 숨길 수 없는 상황이 되었다. 어머니는 다른 말씀 없이 꼭 한마디만 하셨다.

"꼭 일어날 거야, 우리 승남이는."

어머니의 관세음보살 사경은 그때쯤 시작된 것 같다. 함께 발견된 금강경 사경본에는, 마치 오라버니가 쓰기라도 한 것처럼, 사경한 이의 이름과 주소 난에 큰오라버니의 이름과 주소가 쓰여 있었다. 틀림없는 어머니의 글씨체였다.

어머니를 모시고 마지막으로 절을 다녀온 것이 그해 입춘날이었다. 어머니는 무릎 관절염이 심해 걷는 것이 불편하셨고 심장병과 부정맥 때문에 두어 차례 입원하신 적도 있었다. 부처님께 절을 올리지 못하는 어머니를 대신하여 그날 나는 예불 내내 쉬지 않고 절을 했다. 맏아들의 쾌유를 위해 얼마나 부처님께 엎드려 빌고 싶으셨을까. 두 눈을 지그시 감고 염주를 굴리시는 어머니 곁에서 나는 흐르는 눈물을 훔치며 하염없이 절을 했다.

그날 어른 스님을 뵙고 나서 어머니의 친구분들을 모시고 점

Hoechst Korea Ltd.

관세음보살 관세음보살 관세음보살
관세음보살 관세음보살 관세음보살
관세음보살 관세음보살 관세음보살
관세음보살 관세음보살 관세음보살
관세음보살 관세음보살 관세음보살
관세음보살 관세음보살 관세음보살
관세음보살 관세음보살 관세음보살
관세음보살 관세음보살 관세음보살
관세음보살 관세음보살 관세음보살
관세음보살 관세음보살 관세음보살
관세음보살 관세음보살 관세음보살
관세음보살 관세음보살 관세음보살
관세음보살 관세음보살 관세음보살
관세음보살 관세음보살 관세음보살
관세음보살 관세음보살 관세음보살
관세음보살 관세음보살 관세음보살
관세음보살 관세음보살 관세음보살
관세음보살 관세음보살 관세음보살
관세음보살 관세음보살 관세음보살
관세음보살 관세음보살 관세음보살
관세음보살 관세음보살 관세음보살
관세음보살 관세음보살 관세음보살
관세음보살 관세음보살 관세음보살

심 식사를 하던 중에 어머니의 부정맥 증세가 나타났다. 정신없이 택시를 잡아 타고 병원으로 향했는데, 어머니는 "이제 괜찮아졌다" 하시며 병원 가는 것을 한사코 마다하셨다. 집에 도착하는 대로 어머니는 가부좌를 틀고 앉아 천염주를 굴리기 시작하셨다. 어머니의 마음이 헤아려져 나는 슬프고 안타까웠다. 아들의 회생이 어려움을 감지하신 어머니의 소망은 단 하나였다. 당신 아들보다 먼저 가시는 것. 그 즈음 어머니의 부정맥 발작이 유난히 잦았다.

1995년 봄, 관악산이 앞산처럼 보이는 아파트로 우리가 들어간 지 3일 만에 큰오라버니가 세상을 떠나셨다. 그로부터 한 달 조금 넘어 어머니도 세상을 떠나셨다. 자식이 일곱이나 되었건만 아무도 어머니의 마지막 모습을 지켜보지 못했다.

어머니 가시던 날, 나는 어머니의 아파트가 지척인 직장에서 아무렇지도 않게 일을 마치고 집으로 돌아왔다. 다음날 새벽, 갑자기 이상하고 무서운 생각이 들어 술이 덜 깬 남편을 깨워 일으켜 어머니의 아파트로 달려갔다. 마루에 몸을 웅크린 채 엎드려 계신 어머니를 남편 등 너머로 보는 순간, 왜 그랬을까, 나는 무섬증이 일어 이를 딱딱 마주치며 온몸을 덜덜 떨었다.

어머니는 당신보다 먼저 세상을 떠난 큰오라버니 바로 뒤에 누우셨다. 평소 화장을 원하셨지만 식구들의 중론으로 큰오라버니가 누운 묘원에 함께 모신 것이다. 충청도 땅 안성에 있는 진달래 묘원이었다. 어머니는 진달래꽃을 유난히 좋아하셨다. 어머니가 마지막으로 사셨던 곳도 진달래 아파트였다.

　어머니 떠나시고 2년여의 시간이 흐른 후 우리는 서울을 떠나 시골로 내려왔다. 터를 잡게 된 곳이 바로 어머니가 누워 계신 앙성이었다. 전혀 우연이었다. 이 무슨 인연인지. ☐

## 세월은 살같이 흐르고

 가을 넘어가기가 유난히 버겁다. 개울 건너 큰 밭에 심은 콩이며 수수는 여름 가뭄에 심한 몸살을 앓아 낟알보다 쭉정이가 더 많았다. 그러나마나 수확 때가 되어 거두어 앞밭에 내려놓으니 이번에는 비바람이 치기 시작했다. 앞밭 여기저기에 늘어놓은 서리태와 팥, 수수에 부랴부랴 방수포를 있는 대로 씌워 여며 놓았다. 가을비는 그치지 않고 줄곧 내렸다. 애가 탔다. 그렇잖아도 수확이 엉망인데, 방수포 안에서 숨을 못 쉬고 있는 낟알들이 썩기라도 하면 큰일이었다.

 몸도 마음도 물 먹은 솜 같던 날, 면사무소에 다녀오는 길이었다. 해가 짧아져 어느새 어스름한데 좁은 산길 옆에 붙은 밭에서 마을 사람들이 일을 하고 있었다. 남편이 큰소리로 인사를 건네자 젊은 주인이 술 한 잔 하고 가시라고 소리치며 밭에서 올라왔다. 천궁 수확이 거의 끝나가고 있었다. 옆밭에 심었던 고랭지 배추 작황이 좋지 않아 애를 태웠는데, 천궁은 그래도 낫다 했다. 고마운 일이었다. 아래쪽에서 천궁을 캐던 농군의 아내도 올라왔다. 얼굴이 부어 있었다. 종일 엎드려서 일한 탓이리라. 그래도 그이는 밝게 웃으며 내 손을 잡았다. 오가는 이들에게 술 한 잔씩 대접해야 내년 농사도 잘된다며 바구니를 가리켰다.

주인 내외는 다시 밭으로 내려가고 나는 술상을 보기 시작했다. 바구니 안을 살피니 양미리 한 두름이 있었다. 살이 통통하게 오른 것이 배 쪽이 은빛으로 빛났다. 어느새 양미리가 나왔네, 그러고 보니 장에 다녀온 기억이 까마득했다.

휴대용 버너에 프라이팬을 달구고 노란 비닐 끈에 엮인 양미리를 한 마리씩 빼서 팬에 올렸다. 야전이니 기름이 있을 리 없었다. 치~ 하는 소리와 함께 고소한 냄새가 났다. 젓가락도 보이지 않아 손가락으로 뜨거운 양미리를 뒤집었다. 앗 뜨거! 하고 손가락을 입으로 호호 부니, 고소함이 향기처럼 퍼졌다. 때맞추어 일을 끝낸 사람들이 올라왔다. 우리들은 오솔길에 쪼그리고 앉아 양미리와 농사 이야기를 안주로 댓병 소주를 비웠다.

기분 좋게 취기가 오른 남편은 집에 도착하자 소주 한 병을 앞에 놓고 옛날이야기를 꺼냈다. 1백 번도 더 들은 이야기였지만 나는 처음 듣는 양 귀를 기울였다.

30년도 더 전의 배수 시절. 종묘 뒷골목에 허름한 술집이 있었단다. 막걸리 한 주전자가 5백 원에 양미리 한 마리가 1백 원. 그 집의 유일한 안주였던 양미리는 낙서가 가득한 벽에 걸린 채 손님들의 선택을 기다리고 있었다. 이상은 높고 현실은 저 아래인 젊은이들이 새끼줄에 줄줄이 엮인 양미리 앞에서 침을 튀겼다.

"이놈이 1천만 냥 같은데."

"아냐, 그놈은 1백만 냥이고 이놈이 1천만 냥이야."

1백만 냥은 알이 1백만 개, 1천만 냥은 알이 1천만 개 들어있는 양미리를 가리켰다. 1백만 냥이니 1천만 냥이니 하며 호기를 부리는 사이에 젊은이들의 마음도 덩달아 부풀었다. 연탄불에 양미리 익는 냄새를 맡으며 그들은 모래성을 쌓고 또 쌓았다. 막걸리 주전자가 비어가고 양미리가 가시만 남을 무렵이면 모래성도 파도에 스러져갔다. 자리가 파할 즈음이면 젊은이들은 빈 주머니에 손을 넣은 채 서로의 얼굴을 쳐다보며 고개를 저었다. 그러면 당시 유일하게 연애 중이었던 장발족 청년이 동전 한 개를 들고 공중전화로 달려갔다. 얼마쯤 시간이 흐르고, 얼굴이 발개진 예쁜 처자가 술집 문을 살며시 열고 들어와 장발족 젊은이의 손에 무언가를 쥐어주었다. 돼지 저금통에서 꺼낸 것이 분명한, 꼬깃꼬깃 접힌 1천 원짜리 두어 장이었다.

세월은 화살과 같아, 당시 사랑에 빠졌던 젊은 연인들은 그때 자신들과 같은 나이의 아들을 두고 있다. ▫

## 곰 같은 큰 손

개천절 연휴, 도시의 후배들이 산골에 내려왔다. 일손 귀한 산골의 욕심 많은 안주인이 손님들을 편하게 내버려둘 리가 없었다. 모두 몰려나가 첫째 날은 앞밭에서 고추를 따고 둘째 날은 개울 건너 밭에서 감자를 캤다. 하지 감자가 여태 땅속에 있다는 말에 그이들은 놀란 얼굴을 했다. 지난해 이맘때 땅을 보러 산골에 처음 왔던 날, 앞밭에 아직도 캐지 않은 감자가 있다는 전 주인 아저씨의 말에 우리도 놀랐었다. 고랭지 산골에서는 감자밭이 곧 천연 저장고가 된다. 필요할 때마다 조금씩 캘 수 있으니 편하기도 하고 감자 맛도 더 좋다. 산골을 찾아온 사람들과 함께 감자를 캐는 재미도 쏠쏠하다.

마지막 셋째 날의 작업은 물에 깨끗이 씻은 감자를 칼로 납작납작 써는 거였다. 얼마 전에 고추 말리면서 얇게 썬 감자를 시험 삼아 조금 말려보았다. 말린 감자를 물에 불려 된장찌개도 끓이고 볶기도 했는데, 꼬들꼬들하고 씹는 맛도 있는 것이 먹을 만했다. 기나긴 겨울에 요긴하게 먹을 요량으로 아예 말려서 보관하기로 한 거였다.

그날의 새참은 당연히 감자였다. 지난 겨울에 식을 올린 새신랑이 익숙한 솜씨로 찐 감자를 '엄마표 감자'라며 내놓았다. 분이 뽀얗게 난 것이, 알이 작은 데도 먹음직스럽게 보였다. 파근파근하면서 단맛이 나는 찐 감자를 우리는 여러 알씩 먹었다. 주인인 나도 가만 있을 수 없어 감자전을 만들기로 했다. 후배들이 감자 껍질을 벗기면서 재잘대는 소리를 들으면서 나는 어느 여름날을 떠올렸다.

외국에서 살던 조카가 앙성 우리 집에서 잠시 머물던 때였다. 오랜만에 만난 조카는 조금 가라앉은 듯 보였다. 조카는 옥수수도 따고 복숭아도 따고 산책도 하면서 그날을 그날같이 지냈다. 비가 부슬부슬 내리던 날, 거실에서 책을 읽던 조카가 입도 궁금하고 심심하기도 했는지 군것질거리를 사오겠다 했다. 마침 남편이 차를 가지고 외출한 때였다.

"읍내까지 5킬로야. 걸어서 왔다 갔다 두 시간은 걸릴걸."

"아니, 마을에 가게도 없어요?"

혀를 차는 조카에게 내가 맛난 것 해준다며 만든 것이 감자전이었다. 팔이 아파 대개는 믹서로 갈던 감자를 그날은 특별히 강판에 갈았다. 풋고추 송송 썰어 넣고 들기름에 부친 감자전을 한 입 베어 먹던 조카가 엄지손가락을 치켜세웠다.

"고모, 이거 세상에서 제일 맛있어요."

조카는 아예 팔을 걷어 부치고 감자 갈기에 나섰다. 쓱쓱 강판에 감자 가는 소리에 씩씩대는 조카의 숨소리가 섞여서 들려왔다. 그날 둘이서 먹은 감자전이 열 장도 넘었다. 간식으로 시작한 것이 점심이 되었으니까.

조카가 서울로 올라가는 날이었다. 우리는 읍내 차부에 앉아 버스를 기다렸다. 헤어짐은 늘 쉽지 않았다. 다시 볼 날을 쉽게 기약할 수 없기에 더욱 그랬다. 자꾸 마른기침이 나왔다. 버스가 왔는지 사람들이 우르르 몰려나갔다. 조카가 내 목을 꼭 끌어안았다. 조카를 마주 안는데 송곳 같은 아픔이 지나갔다. 젊은 날의 어찌할 수 없는 슬픔에 가슴이 시렸다. 그때 '곰 같은 큰 손'이 생각났다. 나는 떠나려는 조카의 어깨를 급하게 붙잡아 꼭 끌어안았다. '곰 같은 큰 손'의 기억을 조카에게 남겨주고 싶었다. 조카는 떠나고 나는 집으로 돌아와 시집을 펼쳤다.

"중학교 일학년 때였다. 차부에서였다. 책상 위의 잉크병을 엎질러 머리를 짧게 올려친 젊은 매표원한테 거친 큰소리로 야단을 맞고 있었는데 누가 곰 같은 큰 손으로 다가와 가만히 어깨를 짚었다. 아버지였다."

이시영, 「차부에서」

"감자 껍질 다 벗겼는데 어떻게 할까요?"

재미나는 이야기가 한참이었는지 아직도 웃음이 묻어나는 후배의 목소리에 나는 얼른 '곰 같은 큰 손'의 기억에서 빠져나왔다.

"응, 갈아서 부쳐야지. 아무것도 안 넣고!"

아무것도 안 넣은 감자전은 몇 년 전에 우연히 보게 된 TV 요리 프로그램에서 배운 거였다. 후덕하게 생긴 요리사가 한 말이 지금도 그이의 느린 말투와 함께 그대로 기억난다.

"감자전에는 다른 야채를 넣으면 못써요."

'못쓴다'는 말을 그렇게 자연스럽게 쓸 수 있는 그이의 자신감이 부러웠다. 나는 당장 그 자리에서 감자를 갈아 아무것도 넣지 않고 전을 부쳤다. 과연 군더더기 없는 맛이 담백하면서도 깊고 은은했다. 아무것도 안 넣은 감자전을 내면서 나는 후배들에게 아는 척을 했다.

"감자전에는 다른 야채를 넣으면 못쓴대."

정말 그럴까? 하는 얼굴로 감자전 한쪽을 입에 넣은 젊은이들의 얼굴에 미소가 떠올랐다. 세상에서 제일 맛있다며 엄지손가락을 치켜들던 조카가 다시 생각났다. 잠깐이라도 '곰 같은 큰 손'이 되어주고 싶었던 내 마음을 그 친구는 알지 못했을 것이다. □

### 아저씨께 차려드린 마지막 아침상

산골은 어느새 가을이다. 선선함을 지나 한기가 끼치니 마음도 쓸쓸해진다. 아저씨를 떠올리면 더욱 그러하다.

시부모님 모두 고향이 이북이어서 남편은 가까운 친척이 거의 없는 편이다. 일찍이 홀로 되신 어머님은 서울로 공부하러 온 6촌 동생을 당신 자식들과 함께 거두셨다. 항렬로는 조카와 아저씨이지만 나이 차이도 적은 데다 어려서부터 한 이불을 덮고 살았기에 남편과 아저씨의 관계는 각별했다. 결혼 전에 내가 처음 뵌 시댁 식구도 아저씨였다.

시골에 내려오면서 아저씨와 왕래가 뜸해졌다. 거리도 거리였지만 사는 일에 서로 바빴던 것이다. 우리는 농사를 익히느라 정신이 없었고, 건축가인 아저씨는 하시는 일이 어려워진 데다 지병인 당뇨병이 깊어졌다 하셨다.

산골로 옮겨 앉고 곧 아저씨가 내려오셨다. 병색이 완연하셨는데, 터가 좋다며 환하게 웃으셨다. 그 밤에 아저씨와 우리는 이마를 맞대고 새로 지을 집을 구상했다. 다음날 아침 아저씨가 내게 종이 두 장을 건네셨다. 밤새 평면도와 조감도를 완성하셨던 것이다. 아담하고 예쁜 집이었다. 지난해 봄, 우리는 아저씨의 설계도에 따라 집을 지었다. 시간도 그렇고 돈도 그렇고, 아저씨가 생각하셨던 흙집으로 짓지 못한 것이 마음에 걸렸다.

올 여름 내내 아저씨는 입원과 퇴원을 반복하셨다. 병원으로 뵈러 올라가려는데, 아저씨가 전화를 주셨다. 산골에 꼭 내려오실 거라면서 날짜까지 정하셨다. 약속하신 날에 그러나 아저씨는 내려오지 못하셨다. 우리는 그 다음날로 올라갔다. 병원 침대에 누워 계신 아저씨는 의식이 거의 없으셨다. 어찌나 마르셨는지, 처음 뵙는 순간 가슴이 쿵 내려앉았다. 살이 빠진 아저씨의 얼굴은 시어머니와 꼭 닮아 있었다. 산골로 돌아오는 길에 나는 남편에게 마음의 준비를 당부했다.

그리고 며칠 후, 거짓말같이 아저씨가 산골에 내려오셨다. 아저씨의 바람이 얼마나 간절했는지 병원에서도 특별 휴가를 내줄 수밖에 없었단다. 늦은 저녁에 도착하신 아저씨는 의식이 맑으셨다. 내가 끓인 된장찌개와 달걀찜으로 밥도 한 숟가락 드셨다. 오랜만에 잠도 푹 주무셨다.

다음날 아침, 나는 간밤에 불려놓은 콩을 곱게 갈아 순두부를 만들었다. 부드럽고 소화도 잘될 터이니 괜찮겠다 싶었다. 남편이 좋아해서 거의 하루 걸러 만드는 터라 잘 만들 자신도 있었다. 그렇지만 막상 만들 때에는 순두부가 잘 엉기지 않으면 어쩌나, 조바심이 나서 이마에 식은땀이 났다. 다행히 순두부는 잘 되었다. "순두부, 좋지" 하시며 아저씨가 몇 수저를 뜨시자 곁에서 지켜보던 아주머니와 조카가 박수를 쳤다. 기분이 좋으셨는지 아저씨는 조카에게 농담까지 건네셨다. 그날 우리 집을 떠나시면서 아저씨는 내 손을 꼭 잡고 한참을 계셨다.

일주일 후, 아저씨는 세상을 떠나셨다. □

흑대문집 할아버지와 할머니

산골짜기에 집을 짓고 있다. 공사하는 사람들이 많이 드나드니 음식 준비하는 것이 보통 일이 아니다. 음식 솜씨도 별로인데 재료도 마땅치 않고 환경도 옹색하니 그 나물에 그 밥인 상을 낼 때마다 손이 부끄럽다.

목욕탕에 타일을 붙이던 날은 최악이었다. 아침 일찍이 아주 선해 보이는 아저씨 두 분이 들어서는데 나는 점심상 차릴 일부터 걱정되었다. 이틀 동안은 공사를 쉰다 했었는데. 냉장고 안을 여러 번 들여다보았지만 마땅한 것이 없었다. 시장이라도 가까우면 후다닥 다녀오련만. 난감한 마음으로 냉장고 문을 다시 여니 달걀 몇 알이 눈에 들어왔다. 그래, 달걀이 있었지. 나는 달걀장조림을 만들어보기로 했다. 명색이 오늘의 메인 요리인데, 달걀부침이나 찜보다 근사할 것 같았다.

나는 우선 달걀을 삶아 찬 물에 담갔다가 껍질을 벗겨놓았다. 물과 간장을 적당히 섞고 멸치와 다시마, 마늘 몇 쪽, 대파에 건고추 서너 개를 넣고 팔팔 끓여 양념간장을 준비했다. 불을 조금 줄이고는 양념간장에 달걀을 넣고 숟가락으로 살살 돌려주어 가며 졸였다. 냄새가 칼칼한 것이, 처음 만드는 것치고는 제법 그럴싸하게 된 것 같았다. 나는 달걀장조림을 담을 반찬통을 찾았다. 꼭 네모난 것이어야 했다.

앙성 아랫밤골에 살던 때, 간장골 골짜기에 있는 우리 논에 오르려면 흑대문집 할아버지의 참깨밭을 지나야 했다. 골이 제법 깊어서 한달음에 오르기에는 숨이 차는 곳이었는데 흑대문집 할아버지는 언제나 나보다 먼저 올라와 계셨다. 오늘은 내가 일등이겠지, 마음먹고 일찍 올라간 날에도 할아버지는 어느새 참깨밭에 엎드려 계셨다.

어느 봄날 오후의 할아버지 모습은 마치 사진첩을 들여다보는 것처럼 지금도 생생하다. 논 가장자리에 잡초가 많아 피사리를 하고 내려오는 길이었다. 할아버지는 그때까지도 참깨밭에서 일을 하고 계셨다. 밭 오른쪽 끝자락에 살이 부러진 빨간 양산 하나가 서있었다. 가뭄이 심해 참깨 싹이 올라오지 않아 걱정인데 새들까지 악착을 떤다며 혀를 차시더니, 허수아비 대신으로 세우신 것 같았다.

너른 참깨밭에 무릎 꿇고 엎드리신 할아버지의 자그마한 뒷모습이 꼭 기도드리는 모습이었다. 때맞추어 햇살이 할아버지 등을 비추는데 나도 모르게 코끝이 찡해졌다. 내 마음에 도장처럼 꼭 찍힌 그 사진에 나는 '기도'라는 제목을 붙였다. 손모를 잇거나 피사리를 하고 내려오는 날, 밭에서 일하시는 할아버지를 뵈면 동지애 같은 것이 느껴졌다. 나이로 보나 농사지은 세월로 보나 어림도 없는 일이지만.

어느 해부터인가 그런 할아버지를 뵐 수가 없었다. 기운도 많이 떨어지고 지병이 심해져서 농사를 포기하신 거였다. 할아버지는 참깨밭 대신 우리 집 앞의 느티나무 아래로 나오셨다. 가끔 마을을 느릿느릿 산책하실 때도 있었다. 종잇장같이 가벼워 보이는 뒷모습이 안타까웠다. 할아버지 곁에는 언제나 지팡이를 짚은 할머니가 계셨다. 할아버지가 쓰러지실까 봐, 늘 걱정이라 하셨다.

어느 날, 나는 할머니께 달걀 몇 알을 가져다 드렸다. 우리 집 토종닭이 갓 낳은 것이니 할아버지께 드리면 좋겠다 싶었다. 달걀 몇 알을 들고 있는 내 손이 무안해질 정도로 할머니는 몹시 고마워하셨다. 며칠 후, 하우스에서 금방 캔 야콘 몇 뿌리를 들고 갔더니 할머니는 내 손을 꼭 잡고 부엌으로 데리고 가셨다. 그리고는 절룩거리는 걸음으로 냉장고에서 4각 찬통을 꺼내오셨다. 찬통에는 교실에 줄 맞추어 앉은 학생들처럼 달걀장조림이 가지런히 담겨 있었다.

"자네가 준 달걀은 할아버지 드렸어. 아주 맛있게 드셨어. 이건 자네 주려고 내가 시장에서 사 온 걸로 만든 거야."

할머니의 달걀장조림을 들여다보면서 나는 고맙다는 인사도 잊은 채 바보같이 어이구! 소리만 연발했다. 그 달걀을 나는 며칠 동안 먹지 못했다. 네모난 찬통에 줄 맞추어 얌전히 앉아 있는 녀석들을 차마 흩뜨릴 수 없었다.

  내가 처음 만든 달걀장조림을 아저씨들은 맛나게 드셨다. 깔끔하고 칼칼하다고 칭찬까지 하셨다. 내 솜씨가 아니라 도타운 정을 나누어주신 흑대문집 할머니, 그리고 10년 가까이 함께 살고 있는 우리 닭들이 낳은 달걀 덕분이었다. □

## 벌교 꼬막과 소화, 그리고 정옥 언니

얼마 전에 지인으로부터 선물 한 상자를 받았다. 상자에는 거무스름한 뻘 흙이 묻어 있는 꼬막이 망에 담겨 있었다. 눈 덮인 산골에서 바다 냄새 나는 꼬막은 최고의 선물이었다. 게다가 그 유명한 벌교 꼬막이었다. 벌교라……

지난해 겨울, 벌교에 잠깐 들른 적이 있었다. 일이 있어 완도에 가는 길이었는데 길잡이를 해줄 이를 벌교에서 만나기로 했던 것이다. 워낙 일찍 서둔 까닭에 약속 시간까지 여유가 조금 있어 마을 구경에 나섰다.

벌교는 크지 않았다. 곧 너른 강에 줄줄이 얹혀진 다리들이 보였다. 아름다운 홍교와 소화 다리, 그리고 염상구가 뛰어내렸다는 철다리. 초행길인 벌교가 어쩐지 여러 번 와본 곳같이 느껴진 것은 소설 『태백산맥』 덕분이었다. 중심가에 들어서니 아예 '외서댁'이니 '소화'라는 이름이 들어 있는 간판들이 보였다. 줄줄이 늘어선 상점들의 대부분이 꼬막 음식점이었다. 그제야 벌교와 꼬막이 연결되었다.

완도에서 나오는 길에 우리는 다시 벌교에 들렀다. 그 유명한 꼬막 맛을 봐야 했다. 그런데 어느 집이나 다 꼬막 전문점이라는 간판이 붙어 있으니 어디로 가야 할지 도통 감이 서지 않았다. 나는 제일 허술한 곳으로 가자 했고, 남편은 제일 깨끗해 보이는 곳으로 가자 했다. 우리는 중간쯤 되는 집으로 들어섰다. 잘한 일이었다. 상다리가 휘어지게 차려진 꼬막 요리는 더할 나위 없이 훌륭했다. 회, 무침, 조림, 국에다가 부침개까지 맛깔스러운 데다 예쁘기까지 했다. 임금님 수라상 같은 상을 앞에 놓고 남편은 여러 번 혀를 찼다. 산해진미가 있으면 무엇 하랴, 돌아갈 길이 멀고 멀어 운전 때문에 술을 마실 수 없었던 것이다.

집으로 돌아가는 길, 꼬막 요리를 배가 그득해지도록 먹었건만 자꾸 허전했다. '소화' 때문일까? 간판에 들어 있는 그 이름을 보고 애달픈 연인들이 떠올라 잠깐 코끝이 찡했었지. 집으로 들어서는 고갯길에 이르러서야 떠오르는 이름이 있었다. 정옥 언니.

정옥 언니는 어렸을 적 우리 집 일을 도와주던, 요즘 말로 하면 가사도우미 언니였다. 시골 처녀들이 서울로 서울로 몰려오던 시절, 그때는 여느 집에나 식모 또는 가정부라고 불리던 언니가 있었다. 언니들은 자주 바뀌었다. 더러는 고향으로 불려 내려가기도 하고 더러는 공장이나 식당 또는 술집으로 가기도 했다. 정옥 언니는 우리 집에서 오래 살았다. 설 밑에 언니가 고향에 가는 날이면 어머니는 이것저것 안겨서 보내놓고는 언니가 혹여 돌아오지 않을까 봐 걱정하셨다. 언니는 꼬박꼬박 돌아왔다. 정옥 언니의 고향이 바로 벌교였다.

정옥 언니는 별명이 '김지미'일 정도로 얼굴이 고왔다. 갸름한 얼굴에 콧날이 우아했고 어딘지 모르게 귀티가 났다. 한창 젊은 나이에도 한복 저고리에 정강이까지 오는 한복 치마를 즐겨 입었다. 언니는 얼굴만큼 마음도 고왔다. 특히 내게는 각별했다. 내가 여고생이던 때, 언니는 돈을 벌어야겠다며 우리 집을 떠났다. 떠나던 날 우리 집은 눈물바다가 되었다. 내 눈물은 이별의 슬픔 때문이었지만 언니에게는 회한이 더 컸을 것이다. 어린 시절부터 식구들을 책임져야 했던 부담감에 못 배운 서러움, 젊은 여자로서 꿈을 포기해야 했던 아픔.

정옥 언니의 새 직장은 청계천에 있는 음식점이었다. 언니는 가끔 소식을 전해왔다. 언니는 열심히 돈을 벌었고 나는 대학생이 되었다. 때 아닌 여름 감기로 몸살을 되게 앓던 날, 정옥 언니의 전화를 받았다. 휴가가 그날뿐이라며 영화를 보여주겠노라고 했다. 그날 우리는 세운상가 앞에서 만나 손을 꼭 잡고 종로로 건너갔다. 정옥 언니는 더 예뻐지고 세련되었다. 오케스트라 지휘자가 나오는 외국영화는 몹시 슬펐다. 언니도 나도 많이 울었다.

식당에서 조금 이른 저녁을 먹는 내내 언니는 별로 말이 없었다. 몸살 기운으로 조금 힘들었던 나도 잠자코 젓가락질만 했다. 헤어질 때 언니는 나를 꼭 끌어안았다. 왠지 마지막이라는 생각이 들었다. 흑 하며 울음이 터졌다. 예상치 못한 일이었다. 아무 말 없이 내 눈물을 닦아주던 언니도 눈물을 흘리고 있었다.

정옥 언니와는 그것이 마지막이었다. 알려고 들면 알 수 있었겠지만 나는 정옥 언니의 소식을 캐지 않았다. 그것이 언니가 원하는 것이라는 생각이 들었다. 그런데 왜일까. 정옥 언니와 『태백산맥』의 소화가 겹쳐 떠오르는 것은.

"벌교 꼬막이네. 오늘 저녁 소주깨나 마시게 생겼네."

반가움이 가득한 남편의 말에 나는 퍼뜩 정신을 차렸다. 잠깐이었지만 아주 긴 여행이라도 한 것 같았다.

"잠깐만 기다려. 내가 얼른 차릴게. 그때 못 마신 술, 오늘 원수 갚으면 되겠네."

지난 겨울 벌교에서 꼬막으로 차려진 진수성찬 앞에서 서운해하던 남편이 생각났다. 내가 꼬막으로 멋진 술상을 차려줘야지. 그런데 아뿔싸, 여태껏 꼬막 요리를 한 번도 해본 적이 없는 거였다.

설 명절이면 시어머니께서는 꼬막을 빠뜨리지 않으셨다. 색색의 양념장을 얹고 껍데기 안에 얌전하게 앉아 있는 그것들이 너무 예뻐 선뜻 젓가락을 댈 수 없었다. 예쁜 만큼 만들기도 어려울 거라 지레 짐작하여 나는 꼬막은 절대로 사지 않았다. 어쩌다 잔칫집이나 꼬막이 찬으로 나오는 음식점에 가면 남편은 꼬막 접시를 여러 차례 비우곤 했다.

조리법을 여쭈어볼 어머니도 더이상 안 계시고, 나는 잠깐 난감했다. 상자에 적혀 있는 상점으로 전화를 넣었다. 삶을 적에는 끓는 물에 찬물을 조금 부어 숨을 죽인 물에 꼬막을 넣고 반드시 한 방향으로만 저어주어야 한단다. 아주머니는 설명 끝에 그 지방에서는 며느리가 들어오면 꼬막 삶기부터 시켜본다고 덧붙였다. 소설 『태백산맥』에 따르면 "핏기는 가시고 간기는 그대로 남아 있게 슬쩍" 삶아야 한다는데, 그 '슬쩍'이라는 것이 어떻게 하루아침에 된단 말인가! 끓는 물에 꼬막을 텀벙 넣지 않은 것만도 다행이라고 나는 스스로를 위로했다.

그날 남편은 꼬막을 엄청 먹었다. 수북하게 쌓이는 빈 껍데기만큼 빈 술병도 늘어갔다. 벌교에서 본 재미있는 음식점이 생각났다. 하나같이 방송에 소개되었다는 광고문을 내건 음식점들 사이에 그 집 유리문에는 '아무 방송에도 안 나온 집'이라는 문구가 붙어 있었다.

"우리 집이 딱 그 집이네!"

남편이 껄껄 웃었다. 눈 내리는 산골 오두막의 밤이 그렇게 깊어갔다. □

## 명절이면 더 커지는 시어머니의 빈자리

설날을 며칠 앞두고 눈이 계속 내렸다. 추운 날씨에 눈이 그대로 쌓이니 산골은 금방 아름다운 풍경화가 되었다. 창밖을 하염없이 내다보고 있는데, 남편이 장을 보러 가자고 했다. 조금이라도 눈이 적을 때 다녀오자는 거였다.

조심한다고 했건만 자동차는 고갯길에서 여러 번 미끄러졌다. 영주까지 나가려던 계획을 포기하고 춘양에서 장을 보기로 했다. 차례 상에 놓을 제물을 먼저 사고 시댁 식구들 음식 장을 보려는데 남편이 말렸다. 설날까지 눈이 계속 온다니 아무래도 서울에서 내려오기 어려울 것 같단다. 읍내까지 오는 동안 신경이 엄청 쓰였던 모양이다. 나는 착한 아내처럼 남편 말에 따랐다. 쌓인 눈도 그렇고, 며칠 전부터 몸살 기운이 있어 꾀가 났던 것이다. 그래도 설인데, 섭섭한 마음에 남편이 잘한다는 음식점에서 감자탕을 포장해 달랬다.

설 이틀 전, 산골은 정강이 위까지 눈이 쌓였다. 식구들에게 내려오지 말라고 연락을 하려는데 강아지들이 요란하게 짖어댔다. 밖을 보니 아랫마을의 전, 현직 반장님이 트랙터로 눈을 밀며 올라오고 있었다. 이 눈과 이 추위에, 고맙기 그지없었다. 얼마 후 눈을 치우고 내려오는 이들의 코가 빨개져 있었다. 조촐한 안주나마 술잔을 권하며 건강과 풍년을 기원했다. 눈은 두 분이 치웠건만, 그날 밤 나는 죽도록 몸살을 앓았다.

설 전날, 아침에 일어나니 흠씬 두들겨 맞은 것처럼 온몸이 쑤셨다. 차례 음식을 준비하는데 다리가 후들거렸다. 후들거리는 다리보다 더 허둥대는 것은 마음이었다. 식구들 음식이 걱정이었다. 냉장고를 아무리 뒤져도 뾰족한 게 없었다. 막히고 미끄러운 길을 어렵게 내려올 시댁 식구들을 생각하니 식은땀이 났다.

게다가 시어머니 생각은 왜 그렇게 나는지. 명절이면 어머니는 자식들이 좋아하는 음식을 하나하나 챙겨서 만드셨다. 잡채와 북어포 구이는 언제나 내 몫이었다. 그렇지 않아도 부모님 생각이 간절할 텐데, 빈약한 상 앞에서 어머니의 부재를 더욱 뼈저리게 느낄 식구들 생각에 마음이 짠했다.

나는 냉장고에 기대서서 어머니의 음식을 떠올렸다. 늘 빠지지 않던 것이 갈비와 잡채였다. 갈비야 어쩔 수 없으니, 나는 잡채를 만들기로 했다. 찬장을 뒤지니 다행히 당면 남은 것이 있었다. 있는 야채를 모두 꺼내 채 치고 볶아 잡채를 만들었다.

그날 저녁, 식구들은 잡채보다 감자탕을 더 잘 먹었다. 어머니가 다시 떠오르자 나는 몹시 부끄러웠다. 어머니는 명절날 자식들에게 밖에서 사 온 음식을 절대로 먹이지 않으셨을 것이다. 아니, 눈이 쌓여 찻길이 막혔다면 걸어서라도 장을 봐오셨을 것이다. □

## 뒷골목 비지찌개집에서 옛 친구를 만나다

콩 농사를 지으면서부터 비지찌개는 우리 집의 단골 메뉴가 되었다. 특히 손님이 오시는 날은 비지찌개가 빠지지 않는다. 직접 지은 콩에다 우거지도 있으니 만만하기도 하거니와 웰빙 음식이라며 모두들 좋아하신다. 들기름에 달달 볶은 우거지에 멸치 우려낸 국물을 붓고 물에 불린 콩을 갈아 넣고 우르르 끓이면 되니 만드는 것도 간단하다. 돼지고기가 있는 날이면 예전에 다녔던 뒷골목의 그 비지찌개집처럼 네모지게 작게 잘라 넣기도 한다.

시골에 내려오기 전까지 내가 다녔던 회사는 서울에서도 부자 동네로 이름난 압구정동, 그중에서도 제일 요란하다는 로데오 거리에 있었다. 덕분에 이것저것 볼거리는 많았지만 점심시간이면 갈 곳이 마땅치 않았다. 땅값이 비싸니 음식값도 비쌌던 것이다. 그래서 일 삼아 찾아낸 곳이 후미진 뒷골목에 있는 허름한 비지찌개집이었다.

화려한 백화점 맞은편 골목에서 그 집을 찾아내고는 대단한 발견이나 한 듯 좋아했다. 열고 닫을 때마다 삐걱삐걱 소리가 나는 여닫이문까지 정다웠다. 비지찌개와 빈대떡, 딱 두 가지뿐인 메뉴도 마음에 들었다. 둘 다 내가 좋아하는 데다 맛이 은근하여 아무리 먹어도 질리지 않았다. 게다가 그 거리에서는 보기 어려운 막걸리를 내놓았으니, 그 집은 곧 나의 단골집이 되었다.

시골로 내려가기로 마음을 정하고 회사를 정리하던 때였다. 초겨울 바람이 매서웠던 날, 뜻밖의 전화를 받았다. 서로 이야기를 많이 나누지는 않았지만 좋은 기억으로 남아 있는 대학 친구였다. 긴 생머리에 말수가 적은 친구였다. 우연하게 내 소식을 들었다며, 보고 싶다 했다. 점심 때 백화점 정문 앞에서 만나기로 하고 전화를 끊었다. 생각해보니 20년 만이었다.

백화점 앞 건널목에서 신호를 기다리는데 건너편에 서있는 친구가 보였다. 그저도 긴 생머리였다. 그 친구도 나를 보았다. 우리는 건널목 가운데에서 만나 함께 길을 건넜다. 나는 비지찌개집으로 걸음을 옮겼다. 비지찌개와 빈대떡 그리고 막걸리 한 병을 사이에 놓고 우리는 마주 앉았다.

친구는 여전히 조용했다. 곧 시골로 내려갈 거라 하니, 친구는 내게 어울린다면서 좋은 농부가 될 거라며 가만히 웃었다. 헤어지면서 친구는 마음이 조금 힘들었는데 오랜만에 맛난 비지찌개를 먹었다며 내게 고맙다고 했다.

그후, 친구는 내게 다시 연락하지 않았다. 다시 20년쯤 세월이 흐르면 친구의 소식을 들을 수 있으려나. 그때 우리는 서로 알아볼 수 있을까? 아니, 이 세상에 있기라도 할까? □

## 만주 할머니의 부엌

텃밭에 푸성귀가 풍성하니 반찬 걱정을 덜었다. 상추 한 움큼에 풋고추 몇 개만 따와도 상이 그득해진다. 애호박이 지천에다 오이도 드문드문 나온다. 게다가 이른 봄에 담근 고추장이며 된장에다 막장까지 먹을 만하게 익었다. 특히 올해 처음 담근 막장은 맛이 그럴싸하다. 상추 먹을 때는 고추장만 고집하던 남편도 요즘은 막장을 먹는다. 막장은 그냥도 맛나지만 찌개 끓일 때 된장에 보태 넣으면 더욱 진가를 발휘한다. 구수함에 칼칼함까지 더하니, 그렇지 않아도 매일 한 번은 끓이는 된장찌개를 요즘은 아침저녁으로 끓이는 날이 잦다. 그래도 질리지 않으니, 먹을거리가 다양하지 않은 산골에서 얼마나 다행인지.

된장찌개 하면 생각나는 이들이 있다. 먼저 살았던 앙성에서 이웃에 사시던 만주 할머니는 한 끼도 거르지 않고 된장찌개를 드셨다. 할머니는 한여름의 아주 뜨거운 며칠만 빼고는 늘 아궁이에 불을 지펴 밥을 짓고 찌개를 끓이셨다. 고기는 전혀 안 드셨는데, 높은 연세에도 정정하셨던 것에는 된장이 큰 몫을 한 것 같다.

어느 해인가, 첫눈이 내린 날이었다. 아침을 먹고 눈 내리는 마을을 한 바퀴 돌았다. 부지런한 어르신이 어느새 비질을 해놓으셔서 빗살무늬가 선명한 골목도 있었다. 마을 순례의 마지막은 언제나처럼 만주 할머니네 돌담이었다. 지난 여름의 호박 덩굴이 아직도 스산하게 남아 있는 돌담 앞에 서서 나는 할머니의 뜰을 넘겨다보았다. 장독 뚜껑으로 쓰시는 청색 플라스틱 통 하나가 눈을 살짝 머리에 인 채 조금 삐뚜름하게 놓여 있었다.

어디 편찮기라도 하신가, 나는 마을회관을 돌아 작은 골목을 지나 삐걱 소리가 나는 문을 열고 들어가 "할머니!" 하고 불렀다. 아무 소리도 들려오지 않았다. 나는 조금 더 안으로 걸어 들어갔다. 조금 열려 있는 부엌문 사이로 정갈한 부뚜막이 보였다. 나는 부엌문을 안으로 조금 밀었다. 부뚜막 한쪽에 오래전에 친정어머니가 쓰셨던 것과 똑같은, 한자로 '福' 자가 쓰인 스테인리스 밥그릇이 놓여 있었다. 새벽녘에 불을 지피셨는지 아궁이에는 군불만 남아 있었다. 군불 위에 놓인 뚝배기에서 구수한 된장찌개 냄새가 났다. 아침을 막 먹고 나선 길이었는데도, 나는 맹렬한 시장기를 느꼈다. 아궁이 앞에 쪼그리고 앉아서 된장찌개에 김치 하나로 그 밥그릇에 담긴 밥을 먹고 싶었다. 어머니의 목소리가 들리는 것도 같았다.

"체할라, 꼭꼭 씹어 천천히 먹어라."

된장찌개 이야기가 나오면 태국에 사는 오빠 내외도 빠질 수 없다. 지난해 봄 히말라야 등반을 마치고 태국 오빠네 집에 잠깐 들렀었다. 등반에 지친 데다 감기까지 걸려 있었는데, 첫날 아침 언니가 끓이는 된장찌개 냄새에 눈물이 핑 돌았다. 이국의 부엌에서 맡는 된장찌개 냄새는 감동이었다.

서울에서 어렵게 구해온 된장이 떨어져가서 그곳 한국 상점에서 파는 된장을 섞어 먹는다 했다. 그해 여름, 이번에는 오빠 내외가 산골 우리 집에 잠깐 들렀을 때 나는 묵은 된장과 함께 산골에서 처음 담근 된장을 싸드렸다. 그리고 얼마 후 언니의 편지를 받았다.

"오늘은 된장찌개에다 이곳에서 흔하다는 못난이 생선을 구웠습니다. 둘째가 엊그제 반딧불을 보러 여행을 가더니 생선을 사왔더군요. 된장찌개를 먹으며 오빠와 나눈 대화는 다음과 같습니다. '이거 진짜 맛있다./ 이거 정말 맛있다./ 아가씨네 된장 진짜 다르네./ 속이 다 시원해진다······.' 밥을 다 먹을 때까지 끝이 없었습니다. 오늘은 약간 짭짤하게 된 것이, 된장이 조금 더 들어간 듯. 어이구 아까워라! 다음엔 조금씩만 넣어야지."

글과 함께 보낸 된장찌개 사진을 보는데 또 눈물이 핑 돌았다. 뚝배기에 두부 그리고 우거지까지, 천상 우리나라였다. 나는 얼른 답장을 썼다.

"언니, 항아리마다 된장과 고추장이 그득하고 막장까지 담갔으니, 아끼지 말고 듬뿍듬뿍 넣으셔요." □

## 냄새 나는 감동

며칠 전 청국장을 띄웠다. 냄새도 구수하고 끈적끈적한 실도 많이 나왔다. 내 손으로 지은 콩으로 그 어렵다는 청국장을 제대로 띄운 것이 신기하고 대견해서 아이처럼 자꾸 주걱으로 뒤적이며 실 장난을 했다.

청국장을 처음 띄운 것이 3년 전 겨울이었다. 지병이 심해져 농사를 포기하신 어르신께서 빌려주신 밭에 콩을 처음 심던 해였다. 그해 가을에 거둔 콩이 세 가마였다. 당시 콩 시세가 한 가마에 23만 원이었다. 약 안 치고 지은 콩이었으니 조금 더 받을 수는 있겠지만 1천 평 땅에서 70만 원은 너무하다 싶었다. 그 땡볕에서 비닐 씌우고 콩알 넣고 잡초 뽑고 흙먼지 뒤집어쓰고 콩 털던 생각을 하면 힘이 빠졌다.

그래서 생각한 것이 청국장을 만들어 부가가치를 높여보자는 거였다. 문제는 남편도 나도 청국장을 만들기는커녕 먹어본 기억도 별로 없다는 거였다. 우리는 재료만 믿고 도전하기로 했다. 유기농 콩에 우리 우렁이 논에서 나온 짚과 왕겨가 있었으니까. 그해 겨울, 청국장 띄우는 방을 들여다보느라 밤잠을 자주 설쳤다. 고맙게도 청국장은 잘 띄워졌고 주위의 평도 좋았다. 청국장 장사는 그러나 그해로 끝이 났다. 이듬해부터 그 밭에 수수며 기장, 조 같은 곡식들을 나누어 심었던 것이다.

청국장을 알고 나니 좋은 것이 여러 가지였다. 우선 겨울철에 무언가 할 일이 생겼다는 것이 좋았다. 모르는 것을 배우고 익히는 것도 재미있었고 건강에 그만이라는 청국장에 맛을 들인 것도 큰 수확이었다.

겨울에 먹는 생 청국장은 더욱 특별하다. 아침마다 한 숟가락씩 먹는 청국장을 김에도 싸고 김치에도 싸서 먹는다. 초록이 그리워 무순을 기르면서부터는 청국장에 무순을 살짝 얹어서 먹기도 한다. 청국장 위에 무순을 처음 얹던 날은 그걸 생각해 낸 내가 스스로도 대견했다. 한겨울에 그 푸르름이라니, 그 생기를 내가 그냥 꿀꺽 삼켜도 되는 건지.

그렇지만 뭐니뭐니 해도 제일 즐거웠던 것은 2년 전 이맘때의 일이었다. 미국에 있는 친구를 보러 가면서 내가 만든 청국장을 들고 간 거였다. 떠나던 날 아침, 땅에 묻은 김장독에서 김치 몇 포기도 꺼내서 가져갔다. 워싱턴 디시에 도착하자마자 가방에서 꺼내놓은 그것들을 보고 친구가 말했다.

"의지의 한국인이야!"

친구는 오랜 외국 생활로 조금 지쳐 있었다. 나는 출근하는 친구에게 요구르트에 생 청국장을 갈아 먹이고 저녁에는 김치 넣고 청국장찌개를 끓였다. 멸치 몇 마리 넣고 묵은지찜 흉내도 냈다. 친구는 끼니마다 밥을 한 공기씩 비웠다. 참으로 고마운 일이었다. 집에 돌아오니 친구의 메일이 와있었다. 냄새 나는 그것들이 많은 힘이 되었다는 글귀도 있었다.

그 여행에서 나는 토론토에 있는 친구도 잠깐 만났다. 여학교 졸업하고 처음 만나는 것이니 30년도 넘게 시간이 흘렀지만, 만나는 순간 우리는 세월의 강을 훌쩍 건넜다. 같은 시간과 공간을 살았다는 것이 그런 것이었다. 집 떠날 때는 친구들을 위해 내 생에서 다만 며칠을 온전하게 쓰겠다는 생각이었는데, 이제 생각하니 그 친구들이야말로 자신의 생에서 귀한 며칠을 나를 위해 떼어놓았던 것 같다. ▫

우퍼 일도 돕고 문화도 배우고 마음도 나누고

## 우퍼 슌, 콩알들이 그대에게 힘을 줄 거야

"아줌마, 일본 아저씨 언제 또 와요?"

초롱초롱한 눈망울로 백이가 물었다. 백이는 우리보다 2년 먼저 이웃 마을에 내려와 버섯 농사를 짓는 귀농 선배의 늦둥이 아들이다. 일본 아저씨는 지난해 이맘때 우리 농장을 찾아와 큰 도움을 준 가와노 슌스께라는 젊은이다. 슌스께는 영어도 썩 잘해서 백이의 영어 선생님 노릇도 가끔 했다. 한 해가 지났는데도 나를 볼 때마다 그 친구 이야기를 하는 걸 보면, 백이는 슌스께와 함께했던 시간이 무척 재미있었던 모양이다.

유기농을 하려면 아무래도 품이 많이 들게 마련이다. 농약을 안 치려니 벌레도 일일이 잡아주어야 하고 풀도 손으로 뽑거나 낫으로 베어야 한다. 농부의 생활이 팍팍한 것은 세계 어디나 마찬가지인가 보다. 영국의 한 유기농 농가에서 젊은 여행자들에게 품값 대신 숙식을 제공하고 일손을 구했다 한다. 여기에서 시작된 것이 우프(WWOOF, Willing Workers On Organic Farms)이다. 말 그대로 유기농 농장에서 자발적으로 일하는 것으로서 이같은 여행자를 '우퍼'라고 부른다. 농가는 일손을 구하고 우퍼는 경비를 절약하고 무엇보다 농가 가족과 함께하는 생활 속에서 그 나라의 문화를 생생하게 체험할 수 있다.

시골에 내려오기 전, 우리도 이국의 농장을 찾아가서 농사일도 배우고 문화 체험도 할 계획을 세웠지만 아쉽게도 실행하지 못했다. 그 대신 복숭아 농사를 본격적으로 시작하면서부터 우프 농가로 등록하여 우퍼를 맞이하고 있다. 지난 7년 동안 우리 농장을 찾아온 우퍼들은 한결같이 자연을 사랑하고 삶에 대한 태도가 긍정적이었다. 일을 하는 데도 몸을 사리지 않았다. 농사 일이 처음이라 서툰 친구들도 있었지만 최선을 다해 도와주려는 마음이 느껴져 고맙고 대견했다.

백이가 기다리는 슌스께도 후쿠오카에서 배를 타고 현해탄을 건너온 우퍼였다. 복숭아 봉지 씌우랴 밭에 곡식들 심으랴 무척 바쁜 때였다. 부지깽이도 돕는다는 일철에 찾아온 일꾼이니 반갑기 그지없었다. 함께 있는 동안 우리는 이 친구를 '슌'이라는 애칭으로 불렀다.

슌은 농사에 대해서도 많은 것을 알고 있었다. 대학에서 농업경제학을 공부하는 틈틈이 농장을 찾아다니며 몸으로 익혔다고 했다. 슌이 농사에 관심을 깊게 된 사연이 남달랐다. 축구 선수였던 중학생 시절이었단다. 새로 받은 유니폼이 마음에 안 들어 어머니에게 툴툴대다가 우연히 텔레비전을 보게 되었단다. 화면에서 굶어서 죽어가는 아프리카 어린이를 보았는데, 그 모습이 가슴에 못같이 콱 박히더라 했다. '내가 유니폼 투정이나 하고 있는 동안 아프리카에는 밥이 없어서 죽어가는 아이들이 있구나.' 정신이 번쩍 들었단다. 굶는 사람이 있으면 어디든 달려가리라, 그때 결심했단다.

스물일곱 살의 이 기특한 젊은이는 에티오피아에서 어린이 구호사업을 도왔고, 호주에서는 2년 동안 머물면서 영어도 배우고 우프 농장에서 파프리카와 바나나를 땄다. 우리 집에 도착하던 날도 슌의 손등에는 꼬부랑글자가 깨알같이 써있었다. 태국어였다. 국제협력단원으로 태국 농장에서 일할 계획이라는 말에 남편은 멋진 친구라며 젊은이의 등을 두드렸다. 호주에서 한국인 친구들과 일하면서 익혔다는 우리말이 수준급이어서 때로는 깊은 속내까지 우리말로 털어놓았다. 슌이 이야기 끝에 후렴같이 쓰는 말이 있었다.

"인생이 어려워요. 재미있는데, 참 어려워요."

슌은 일복도 많았다. 농번기의 들일이 줄줄이 기다리고 있던 것이다. 첫 일감은 보리 베기였다. 낫질은 처음이라면서 허리를 구부려 보리를 베는 슌의 얼굴이 햇볕과 노동으로 금방 벌게졌다. 보리 베기는 그래도 수월한 편이었다. 비탈 밭에 비닐을 씌우고 콩이며 팥을 심는 작업은 열흘이 넘게 이어졌다. 첫 날, 아침 일찍 남편을 따라 밭에 올라가 퇴비를 뿌리고 돌아온 순에게 새참으로 라면을 끓여주니 한 그릇을 뚝딱 비우고는 밥을 더 달라 했다. 되게 힘들었던 모양이다. 부지런히 숟가락질을 하던 순이 말했다.

"밥이 달아요."

이틀 걸려 밭에 비닐을 씌우고 콩이며 팥을 심는 일이 시작되었다. 순에게 콩 세 알의 의미를 일러주고 우리는 밭에 엎드려 세 알씩 콩을 넣었다. 한 알은 날짐승, 한 알은 들짐승 그리고 한 알은 우리를 위해. 새와 동물에게도 일러줘야 한다며 너스레를 떨던 순이 아직 한 줄도 채 끝나지 않았는데 일어서며 허리를 두들겼다.

"이거 제일 어려워요. 비닐보다 더 어려워요. 콩을 아주 비싸게 팔아야 해요!"

우리는 그렇게 1천 평 밭에 검정콩, 팥, 메주콩, 쥐눈이콩 그리고 수수를 심었다. 마지막으로 과수원 윗밭에 기장을 심던 날이었다. 잠깐 그늘에 앉아 땀을 들이는데 순이 좁쌀만 한 기장을 몇 알 손바닥에 올려놓고 들여다보며 말했다.

"이 작은 씨앗에서 싹이 나고 잎이 나서 곡식이 달릴까요?"

씨앗을 넣을 때마다 조바심을 쳤던 날들을 떠올리며 나는 고개를 끄덕였다.

"그럼! 씨앗이 얼마나 힘이 세다구!"

순은 재치와 유머가 뛰어나 고된 들일 중에도 우리를 자주 웃졌다. 어느 날부터인가 슌이 남편을 '3인분 아저씨'라고 불렀다. 이유를 묻는 내게 슌의 대답이 걸작이었다.

"일도 그렇고 밥도 그렇고 술도 그렇고, 언제나 3인분이니까요."

일이 유난히 많았던 어느 날, 저녁상에서 소주 한 병을 비운 남편에게 슌이 물었다.

"소주 더 드릴까요?"

우리는 그 말에 웃음을 터뜨렸다. 남편이 술을 많이 마신 다음날은 들일이 수월해진다는 것을 이 영리한 친구가 알아챈 것이었다.

마지막 들일하던 날의 새참은 슌이 준비하기로 했다. 우리 집 우퍼들은 자기 나라의 전통 음식 또는 제일 자신 있는 음식을 적어도 한 번은 만들게 되어 있다. 서툰 솜씨나마 손수 만든 것을 함께 나누면서 음식에 깃든 추억과 인정 그리고 문화를 서로 나누는 것이다. 슌이 만든 새참은 고추장 토스트였다. 호주에서 지내던 때 한국 친구가 아껴 먹던 고추장에서 영감을 얻어 개발한 것이라 했는데, 버터를 발라 구운 식빵에 고추장을 얇게 펴서 바르는 솜씨가 제법 익숙했다. 고소한 버터와 칼칼한 고추장이 어울려 나름대로 별미였다. 우리 고추장에서부터 호주의 파프리카 농장 아저씨에 이르기까지 그날의 화제는 무척이나 다채로웠다.

떠나던 날, 손때 묻은 영한사전을 순에게 건네며 나는 말했다.
"우리가 함께 나눈 시간과 공간이 때로 그대에게 위로가 될 수 있을 거야. 어렵고 힘들 때면 우리가 함께 심었던, 그 수없이 많은 콩알을 떠올려 봐. 그 콩알들이 그대에게 힘을 줄 거야."
순이 가만히 고개를 끄덕였다. □

## 우퍼들은 무얼 먹지?

단비가 내리던 그제 오후 금발머리의 호주 아가씨 테싸가 우리 집에 왔다. 오랜 가뭄에 골짜기의 논이며 밭이 바싹 말라 들어가 애를 태우던 때였다. 비를 몰고 와주어 고맙다는 내 인사에 테싸가 어리둥절한 얼굴을 했다. 고마운 일이었다. 비도 고맙고 생각지 않았던 일꾼도 반갑기 그지없었다.

그날 저녁, 올 초 농사를 아예 포기하고 공장에 다니는 귀농 선배가 모처럼 쉬는 날이라며 막걸리를 들고 건너왔다. 얼마 전에 춘천 사는 후배가 들고 온 닭갈비가 남았기에 햇감자를 듬뿍 썰어 넣고 푸짐하게 양을 늘려 상에 올렸다. 스산한 공장 이야기 때문인지 두 남자들이 평소보다 빠르게 술잔을 비우는데 테싸는 감자를 열심히 골라 먹고 있었다. 어렵사리 닭다리 살을 찾아내어 권하는 내게 테싸가 채식주의자라며 고개를 젓자 남편이 웃으며 말했다.

"거, 잘됐네. 푸성귀 하나는 흔한 때니까. 돈도 안 들고."

그렇지 않아도 푸른 채소 일색인 우리 집 밥상은 테싸의 등장으로 더 푸르러졌다.

우퍼는 식구이기도 하고 손님이기도 하다. 특별한 준비 없이 우리 먹는 대로 함께 먹지만 조촐한 식탁이 민망할 때가 있다. 하루 세 끼, 때로 새참까지 다섯 끼를 준비하는 것도 가끔은 번거롭게 느껴진다. 남편은 숟가락 하나만 더 놓으면 되지 않느냐고 하지만, 낯선 땅을 찾아온 친구들이니 어찌 신경이 쓰이지 않겠는가. 게다가 예로부터 일꾼은 잘 먹여야 한다지 않았는가. 또, 서양 친구들이 많으니 우리 음식이 입에 맞을지도 모르겠고.

읍내 버스 터미널에서 우퍼를 맞이하면서 처음 나누는 대화에는 음식 이야기가 빠지지 않는다. 우리는 세 끼 모두 밥을 먹는데 괜찮겠냐고 물으면 파란 눈의 젊은이들은 한결같이 고개를 끄덕였다. 한국에 왔으니 당연히 한식을 먹겠다는 것이다. 스스로 타국의 농장을 찾아온 친구들이니 매사에 긍정적이고 적극적이다.

맵게 먹는 식성도 그렇다. 남편은 이마에 땀이 나게 매운 음식을 좋아하는 편이다. 즉석에서 조리하는 음식이야 고춧가루를 덜 넣으면 되지만 한 번에 많은 양을 담그는 김치는 어쩔 도리가 없다. 그렇지만 그것도 크게 걱정할 거리는 아니었다. 다들 입을 호호 불어가면서 매운 김치를 맛나게 먹는 것을 보면 김치는 역시 세계적인 음식인가 보다.

맛 또한 크게 어려울 것은 없다. 이 친구들은 우리 음식에 대해서 선입견이나 특정한 기호가 없기 때문에 나같이 솜씨 없는 사람이 해주는 것도 맛있다며 잘 먹는다. 무엇이든 받아들이려는 준비가 되어 있는 것이다. 밭에서 바로 따온 신선한 재료도 한몫을 했을 것이다. 게다가 한 번 들어오면 나가기 힘든 산골이니, 맛이 없어도 기꺼이 먹는 수밖에.

이렇게 한식 일색인 식탁에 "오늘은 양식!" 하고 큰소리 치며 올리는 것이 있으니, 바로 샐러드이다. 밭에서 갓 따온 토마토, 오이, 상추 같은 계절 야채를 푸짐하게 담고 식용유와 식초와 효소를 섞은 드레싱을 뿌려주면 끝이니, 사실 양식이라 할 것도 없다. 앞밭에서 양배추를 베어오는 날에는 가끔 한국식 샐러드를 만들기도 한다. 가늘게 채 썬 양배추를 마요네즈와 토마토 케첩을 섞은 소스에 버무려 접시에 푸짐하게 담아놓고 '사라다'라고 일러주면 중요한 것이라도 알았다는 듯 고개를 끄덕인다.

가끔은 큰맘 먹고 별식을 준비하기도 한다. 우퍼들이 제일 좋아하는 음식은 단연 삼겹살이다. 그것도 원두막에 높이 앉아 앞밭에서 금방 뜯어온 상추에 푸짐하게 싸서 우적우적 먹는 삼겹살! 삼겹살 몇 점에 세상에서 제일 행복한 얼굴이 되는 젊은이들을 보면 우리도 덩달아 행복해진다.

삼겹살 못지않게 우퍼들이 좋아하는 것은 라면이다. 지난해 이맘때 일본 친구 슌과 마지막 저녁 식사를 하던 날이었다. 여태까지 우리 집에서 먹은 것 중 제일 맛난 음식이 무엇이냐는 내 질문에 이 친구는 1초도 지체하지 않고 말했다.

"라면요. 원두막에서 먹은 라면!"

그 대답에 솔직히 조금 서운한 마음도 들었다. 원두막에서 삼겹살도 먹였고 큰맘 먹고 유부초밥도 해줬는데. 내가 마뜩치 않은 얼굴을 했는지, 순이 얼른 덧붙였다.

"얼음산도 맛있었어요."

이 친구는 빙수를 얼음산이라고 불렀다. 마침 팥도 떨어져서 해를 넘긴 복숭아 즙에 미숫가루만 넣었는데, 그것이 좋았단다. 하긴 땡볕 아래서 일을 했으니 시원한 것이라면 무엇이든 좋았으리라. 그래도 내 표정이 미진했는지 순이 다시 덧붙였다.

"아, 복숭아 효소! 참 맛있었어요."

밭에서 일할 때면 솎아낸 복숭아 열매를 흑설탕에 버무려 발효시킨 복숭아 효소를 음료수 대신 마셨던 것이다. 요리랄 것도 없는 라면, 빙수, 그리고 복숭아 효소 따위를 제일 맛있었다고 늘어놓은 것을 보면 아무래도 내 음식 솜씨가 형편없는 모양이다. 오늘 한나절 쪼그리고 앉아 메주콩과 쥐눈이콩을 심은 테싸는 무엇이 제일 맛있다 할까, 자못 궁금해진다. 설마 상추라고 대답하는 것은 아니겠지? ▫

# 코니의 산골 생활

11월 초하루, 산골에는 벌써 첫얼음이 얼었다. 벼도 아직 덜 베었고 서리태와 팥도 거두기만 했을 뿐 털지 못해 마음이 바쁜데 귀한 일꾼이 왔다. 중국계 말레이시아 친구 코니는 뉴질랜드 유학시절에 우프 농가에서 일을 한 적이 있다고 했다. 회계사로 일한 지 3년인데 어느새 도시의 일상에 찌든 몸과 마음을 충전하고 싶었다니 스트레스가 많았던 모양이다.

그런데, 별로 볼 것도 없는 논과 밭에서 일하는 것으로 재충전을 하겠다고? 그것도 어렵게 받은 휴가에? 내 물음에 코니가 조금 무거운 표정으로 말했다.

"놀러 다녀보기도 했는데 더 피곤하기만 하고 뭐랄까, 허탈했어요."

둘째 날, 남편은 논에서 낫으로 벼를 베고 코니와 나는 건너편 밭에서 가위로 수수를 베었다. 기다란 수수 허리가 반으로 꺾이도록 세찬 바람이 간간히 불었지만 하늘은 높고 날씨는 쾌청했다. 나는 저만치서 수수를 베고 있는 코니를 향해 소리쳤다.

"가끔 하늘을 쳐다봐! 바람도 느껴보고."

코니도 큰소리로 말했다.

"이렇게 높고 푸른 하늘은 처음이에요. 단풍도 정말 아름다워요!"

점심에는 찬밥에 있는 채소를 다 넣고 볶았다. 코니가 볶음밥 한 그릇을 뚝딱 비우고 더 달라며 빈 그릇을 내밀었다. 그날 우리는 수수 일곱 자루를 거두었다. 남편이 끌고 온 경운기에 수수 자루를 싣고 함께 올라 앉아 흔들거리며 내려가는 길, 피곤하지 않냐는 내 물음에 코니는 상쾌하다며 밝게 웃었다. 경운기 소리에 우리는 서로 악을 쓰듯 소리치고 있었다.

"콸라룸푸르의 사무실에서 가끔 여기 하늘을 떠올려봐. 바람 소리와 그대가 거둔 수수도."

"자주 생각날 것 같아요. 일하게 해주셔서 고맙습니다."

일시키고 고맙다는 인사까지 받았으니 기막힌 일석이조다. 저녁을 먹고 오두막으로 가는 코니에게 나는 큰소리로 일렀다.

"밤하늘의 별 보는 것 잊지 마!"

셋째 날은 셋이서 함께 일했다. 이른 아침을 먹고 전날 남편이 베어놓은 아래 다랑논의 벼를 앞밭으로 옮겼다. 가까이에서 벼를 보는 것은 처음이라며 코니는 나락을 여러 번 쓸어보았다. 일꾼이 하나 더 있으니 벼가 빠르게 줄어들었다. 나는 마지막 볏단을 들어 옮기려는 코니와 남편을 붙들어 세워놓고 기념사

진을 찍었다. 20년도 넘은 내 등산복을 입고 벼를 나르는 코니를 보니 9년 전 이맘때가 생각났다.

간장골 다랑논에서 처음 벼를 베던 날, 나는 바로 그 등산복을 입고 벼를 날랐다. 정신없이 벼를 나르던 중에 내 생전 처음으로 벼를 베는 날인데 기념촬영을 해야지, 하는 생각이 들었다. 나는 뛰다시피 산길을 내려가 집에서 카메라를 들고 왔다. 저쪽에서 일하는 남편에게 건너가 벼 한 단을 안겼더니 평소 같으면 마다했을 남편이 잠자코 볏단을 받아 들었다. 셔터를 누를 때는 웃음까지 머금었다. 나는 남편에게 카메라를 건넸다.

"이번에는 내 차례야. 잘 찍어줘."

논바닥에 한 무릎을 꿇고 남편이 사진을 찍었다. 활짝 웃어야지 했는데 눈물이 나오려고 했다. 후에 인화한 사진 속의 나는 웃는 것도 같고 우는 것도 같은 묘한 표정이었다.

디지털카메라 스크린 속의 코니는 활짝 웃고 있었다.

앞밭에서 콤바인으로 벼를 터는 작업이 이어졌다. 코니와 나는 벼를 가지런하게 모아 다발을 지었다. 남편은 우리가 넘겨준 벼 다발을 콤바인에 넣어 털었다. 드르륵 드르륵 콤바인 소리와 피어오르는 먼지 때문에 우리는 화난 사람들처럼 입을 꾹 다물고 일했다. 다발 지은 벼를 남편에게 건네다가 푸 하고 웃음이 났다. 두 여인이 앞 다투어 남편에게 꽃다발을 바치고 있는 형상이었던 것이다. 어리둥절한 얼굴을 하고 있는 코니에게 설명하자 코니도 따라 웃었다.

"그런데, 아저씨는 좋아하는 얼굴이 아닌데요?"

콤바인 때문이었다. 8년 전에 구입한 중고 콤바인은 추수 때마다 논 한가운데서 한두 차례 멈추어 서서 남편의 애를 먹였다. 콤바인이 중간에 멈출까 봐 남편은 신경이 곤두선 거였다. 나는 코니에게 말했다.

"고물이라 그래."

"네? 아저씨가요?"

코니의 물음에 나는 다시 웃음을 터뜨렸다.

"둘 다! 아저씨도 그렇고 콤바인도 그렇고."

우리는 점심시간을 훨씬 넘겨가며 벼를 털었다. 그날 늦은 오후, 점심 겸 저녁상에서 우리는 축하주를 마셨다. 남편도 나도 조금 흥분 상태였다. 몇 잔 술에 얼굴이 붉어진 코니도 덩달아 흥분한 듯 말이 많았다.

"수확도 별로라면서 왜 그리 좋아하세요?"

나는 산골에 다랑논을 만들기까지 우리가 겪었던 우여곡절을 들려주었다. 그 논에 손으로 모를 하나하나 심었던 것과 고라니들이 놀이터처럼 놀러 왔던 이야기도 해주었다. 그러니 벼를 거둔 것만으로도 잘한 일이라고 덧붙였다. 코니가 코맹맹이 소리로 말했다.

"자랑할 만도 하네요."

나는 9년 전에 생전 처음 우리 손으로 거두어 지금까지 간직하고 있는 나락 두 줄기를 코니에게 보여주었다. 힘들 때마다 그 나락을 보며 처음 마음을 되새긴다는 말에 코니가 가만히 고개를 끄덕였다.

"이 벼는 그냥 벼가 아니고 수호신 같아요."

벼 터느라 마음을 많이 썼는가, 남편이 피곤하다며 일찍 자리에 누웠다. 코니는 일감을 더 달라고 했다. 우리는 아침에 딴 마지막 가지와 호박을 납작납작 썰었다. 말려서 겨우내 요긴하게 먹을 생각이었다.

넷째 날은 메주콩을 거두어 콩대를 세웠다. 조그맣게 단을 지어 서로 기대어 세우는 작업이 쉽지 않았던 모양이다. 벌건 얼굴로 코니는 자꾸 쓰러지는 콩대와 씨름하고 있었다. 요령을 다시 일러주고 내가 물었다.

"쉬운 일이 없지?"

기다렸다는 듯이 코니가 대답했다.

"정말이에요. 농사는 쉬운 게 없어요. 그런데도 사람들은 시장에만 가면 쉽게 다 사잖아요."

"그래, 콩 뒤에 숨어 있는 이야기를 모르니까. 하긴 나도 전에는 하나도 몰랐단다."

"이제는 콩이 예전하고 다르게 보일 것 같아요."

닷새 만에 코니가 산골을 떠나는 날이었다. 해가 나기를 기다려 어제 털은 벼를 앞마당에 널었다. 코니는 윤이 반질반질 나는 고무래를 들고 오래도록 벼를 골랐다.

아침밥은 코니가 준비했다. 말레이시아와 중국, 인도식이 혼합된 야채 카레였다. 배추를 큼직하게 썰어 넣는 것이 특이했다. 코니의 카레는 아주 맛있었다. 입이 칼칼해 아침 생각이 없다던 남편도 한 그릇을 비웠고 나도 한 그릇 반이나 먹었다.

터미널에서 서울로 올라가는 버스를 기다리는 동안 코니는 내 손을 꼭 잡고 놓지 않았다.

"정말 고맙습니다. 산골에서 받은 것이 너무나 커요. 돌아가면 잘할 수 있을 거예요."

나는 코니의 손등을 가만가만 다독였다. □

### 세상에서 제일 맛있는 호박죽

　기장 농사가 쉽지 않다. 잘 자라던 기장이 8월 중순에 내린 비에 넘어가고 말았다. 지줏대를 세우려니 일이 너무 많아 세 단씩 일으켜 묶어주었다. 남편은 새집 마무리 작업에다 허리까지 삐끗하여 밭에 올라오지 못했다. 혼자서 기장 일으키는 작업이 일주일도 넘게 이어졌다. 다행히도 마지막 날은 우퍼들이 산골을 찾아왔다.

　하리는 어렸을 때 우리나라에서 네덜란드로 입양된 젊은이로 우리말을 거의 하지 못했다. 마틴은 취리히 대학에서 생태 엔지니어링을 공부하는 늦깎이 대학생. 하리는 말수가 적은 반면, 마틴은 함께 일하는 짬짬이 자기 이야기를 풀어놓았다. 자동차 수리에 스키장 곤돌라 운전, 농장 일에 이르기까지 다양한 일을 했다는 마틴은 2미터 가까운 장신이었다. 몇 년 전 캐나다에서 난시 잉어 인수를 하는 동안 한국인 친구들도 사귀고 우프도 알게 되었단다.

　두 젊은이는 도착하자마자 밭에 올라 기장을 일으켜 세웠다.

키 작은 기장에 맞추느라 마틴은 아예 무릎을 꿇어야 했다. 첫날 작업은 그래도 나은 편이었다. 마침 고추가 빨갛게 익어가던 때였기에 다음날부터는 고추를 따야 했던 것이다. 헛골에 쪼그리고 앉는 것도 어려운데 매운 고추를 만져야 하니, 키 큰 마틴에게는 그런 고역이 없었을 것이다. 운동모자를 돌려 쓴 채 벌서는 아이처럼 쪼그리고 앉아 연신 재채기를 해가며 고추를 따는 마틴을 보고 남편이 씩 웃었다. 농업대학까지 나온 하리는 몸집도 자그마해서 금방 고추 따기 선수가 되었다.

고추 따기에 비하면 마지막 날의 옥수수 따기는 놀이 같았다. 청량사로 소풍도 다녀왔다. 하늘이 맑고 푸르러 마음까지 환해졌다. 고즈넉한 산사 풍경에 두 젊은이는 감탄사를 연발했다. 아침마다 초월명상을 거르지 않는다는 하리가 관심을 보여 불교에 대한 이야기도 함께 나누었다.

마지막 날 저녁, 마틴은 우리 집 우퍼들의 전통에 따라 음식을 만들었다. 마틴이 준비한 것은 오믈렛이었다. 계란이 조금 타긴 했지만 마틴의 오믈렛은 훌륭했다. 초대형 오믈렛 세 개가 금세 없어졌다. 떠나던 날 아침, 산책을 나갔나 생각했던 하리가 꽃다발을 들고 나타났다. 이름 모를 고운 들꽃을 색색이 갖춘 꽃다발을 내게 건네며 하리는 진심으로 고맙다고 말했다. 어린 나이에 고국을 떠나 낯선 사람들 사이에서 살았으니 아픔이 어찌 없었으랴, 안쓰러운 마음에 코끝이 찡해졌다.

두 친구들이 떠나고 며칠 지나지 않아 비바람이 다시 쳤다. 힘들여 일으켜 세운 기장이 또 쓰러졌다. 남편은 고추에 매달렸기에 이번에도 기장 세우는 일은 내 몫이 되었다. 사흘째 되던 날은 비 소식이 있어 어둡도록 일을 했다. 집에 내려오니 눈이 10리는 들어간 것 같았다. 배는 고픈데 찬밥도 없었다. 무얼 먹을까, 하다가 생각난 것이 하리의 호박죽이었다. 나는 얼려놓은 호박죽을 꺼냈다. 노란색이 도는 겨자색이 처음처럼 고왔다.

하리는 음식 만드는 것이 취미이자 특기라 했다. 사연이 있었다. 첫 직장이 은행이었는데 일도 버겁고 스트레스가 무척 많았다. 그로 인해 심한 우울증이 왔고 치료 과정에서 의사가 명상과 유기농 식사를 권했다. 이를 통해 하리는 놀라운 경험을 하게 되었다. 몸과 함께 마음이 조금씩 치유되는 것이 확연히 느껴졌던 것이다. 하리는 아예 2년제 유기농 전문대학까지 마치고 작은 텃밭이 딸린 집으로 이사했다. 지금은 그 텃밭에서 거의 모든 음식 재료를 조달한다고 했다. 농사도 배운 대로 잘 지어 지난 봄에는 텃밭에 두 포기 심은 딸기가 얼마나 잘됐는지 1킬로 넘게 이웃에 팔기까지 했단다.

하리가 우리 농장에서 가장 관심을 가진 작물은 벼였다. 물이 풍부한 네덜란드에서 벼농사를 꼭 지어보고 싶단다. 나는 볍씨에서 싹을 틔우는 방법에서부터 모를 내고 추수와 도정에 이르기까지 전 과정을 일러주었다. 수첩에 꼼꼼하게 적던 하리가 말했다.

"벼농사에 성공하면 '죠이' 쌀이라고 이름 붙일 거예요."

"죠이 쌀이라, 좋지! 부디 잘해보라구!"

죠이는 우퍼들이 남편을 부르는 이름이다. 남편의 이름을 딴 벼가 이국의 농장에서 누렇게 익어 물결치는 광경을 떠올리며 나는 하리에게 성공을 기원하는 악수를 청했다.

그날 저녁 나는 내 생에서 제일 맛있는 호박죽을 먹었다. 쌀농사를 가르쳐준 것에 대한 보답이라며 하리가 앞밭에서 따온 늙은 호박으로 보기에도 근사한 죽을 끓인 거였다. 부엌 벽과 바닥은 하리가 흘린 호박죽으로 엉망이 되었지만 젊은 친구의 요리는 환상이었다. 게다가, 대체 이게 얼마 만에 남이 차려주는 저녁상이란 말인가! □

2008. 9

## 유진, 어버이의 나라에서 사과나무를 심다

앞밭에 사과나무를 심기로 했다. 마음을 정하고는 바로 퇴비를 뿌리고 땅을 간 것이 지난 겨울이었다. 3월 중순에 시작한 시설 작업이 보름 가까이 이어졌다. 시설 작업이 거의 끝나갈 무렵, 올해 첫 우퍼가 서울에서 내려오겠다고 했다. 재미교포 2세라는데 우리말이 능숙했다. 마침 남편의 대학 산악회 시산제가 서울 근교 산자락에서 열리는 날이어서 함께 참석하기로 했다. 버스터미널에서 만나 남편 후배의 차로 산으로 가는 길에 우리는 꽤 많은 이야기를 나누었다.

뉴욕대학에서 스페인어를 전공한 유진은 문화 관련 잡지사에서 기자로 일했다. 남들이 부러워하는 직장과 일이었지만 유진에게는 늘 무언가 채워지지 않은 부분이 있었다. 그 갈증을 풀기 위해 어버이의 나라를 찾아와 우리말과 글을 배우고 있다 했다. 태권도 사범인 아버지의 가르침에 따라 유진은 집에서는 꼭 우리말을 썼고 명절에는 차례를 지냈단다.

생전 처음 경험하는 시산제를 유진은 즐거워했다. 산신령님께 절하는 모습도 익숙했고 제단에 올린 막걸리도 단숨에 비웠다. 한 해 산행의 안전을 기원하는 시산제는 좋은 사람들과의 만남과 오랜만의 야영을 즐길 수 있어 내게도 늘 잔치 같았다. 제단 앞에 엎드려 절을 드리면서 나는 선후배들의 안전한 산행과 함께 우리가 심을 사과나무의 건투를 빌었다.

그날 밤 유진은 최고의 인기를 누렸다. 누구하고나 스스럼없이 잘 어울리면서도 예의를 잃지 않았다. 내가 처음 듣는 최신 유행가를 여학생들과 함께 안무까지 곁들여 멋들어지게 불러 큰 박수를 받기도 했다. 노래 잘하고 춤 잘 추고 술 잘 마시고 거기다가 영어까지 완벽했으니, 유진은 스타였다. 밤이 깊어지자 시산제는 영어 모드로 변했다. 사방에서 영어가 튀어나오는데 유진은 시종일관 우리말만 했다.

다음날 첫차로 산골에 내려온 길로 우리는 시설 마무리 작업에 들어갔다. 늦은 오후에 사과 묘목 300그루가 도착했다. 혹시 밤에 얼지나 않을까, 묘목 위로 보온재를 여러 겹 덮고 꼭 여며 주었다.

드디어 사과나무를 심는 날, 유진은 일찍부터 시설 작업에 분주했다. 갈매기 모양의 굵은 철사와 씨름하는 유진의 손에는 작은 돌맹이가 들려 있었다. 공부만 하던 손으로 철선을 휘려니 힘들었던 모양이다. 대형 갈매기 작업을 마친 유진이 나무 심기에 합류했다. 남편은 삽으로 땅을 파고 묘목에 흙을 덮는 일을 맡았다. 뿌리에 공기가 들어가지 못하도록 꾹꾹 밟아주는 일은 29센티미터의 발을 가진 유진이 적격이었다. 나는 사과나무가 우리에게 어떤 의미인지를 설명하고 흙을 다지면서 나무의 건투를 빌어줄 것을 당부했다.

남편이 잠시 자리를 비운 사이 유진이 얼른 삽을 들었다. 흙을 파던 유진이 뒷줄에서 끈으로 나무를 지주에 묶는 내게 소리쳤다.

"아니, 이렇게 힘들어요?"

때맞추어 돌아온 남편이 웃으며 말했다.

"그럼 쉬울 줄 알았어?"

"쉬울 거라고는 생각하지 않았지만 이렇게 어려울 줄은 몰랐어요."

남편이 소리를 내어 웃으며 유진의 등을 두드렸다.

"이만큼만 해도 아주 잘하는 거야. 고마워."

다음날 오전까지 우리는 사과나무를 심었다. 점심상에서 유진은 내게 유기농에 대해 많은 질문을 했다. 유진의 유기농에 대한 관심은 어머니의 영향이었다. 늦게 얻은 외동아들을 끔찍이 챙기셨던 모양이다. 인스턴트 음식은 엄격하게 금했고 유기농 야채 위주로 식탁을 차렸는데 가끔 쑥개떡도 손수 만드셨단다. 화제는 미국 유기농의 기업화에 이어 로컬 푸드 운동으로 이어졌다. 귀농의 동기를 궁금해하는 유진에게 나는 귀농에서부터 유기농을 하게 되기까지 우리 이야기를 들려주었다.

대화하는 내내 손가락을 주무르던 유진은 오후 늦게 소형 갈매기 작업까지 모두 마쳤다. 더 할 일을 찾는 유진의 등을 밀어 남회룡 숲길 산책에 나서게 했다. 늦은 저녁, 다음날 떠나는 유진을 위해 해물전을 부쳤다. 아침에 좋아하는 음식을 물으니 여러 가지 중에 해물파전이 있었다. 마침 얼려놓은 오징어가 있어 빈약하나마 해물파전 흉내는 낼 수 있었다. 저녁상에서 남편은 유진에게 여러 번 미안함을 전했다. 유난히 바쁜 때여서 쉴 틈 없이 일을 해야 했던 것이다. 유진은 괜찮다며 손사래를 쳤다. 떠나던 날 아침에 유진이 건넨 노트에는 다음과 같은 글이 있었다.

"두 분의 환대와 단순하고 맛있는 음식으로 정신이 고양되고 맑아졌습니다. (……) 특히, 나의 뿌리를 찾아서 온 한국에서 사과나무를 심은 것은 참으로 상징적이고 의미 있는 일이었습니다."

사과나무가 앞밭에 뿌리를 내리듯 유진도 자신의 뿌리를 찾아가리라. ▫

## 최상의 재료와 최고의 정성

 올 봄 앞밭에 시설작업하고 사과나무 심느라 무리했는지, 오른쪽 무릎에 탈이 나고 말았다. 무릎이 쑤셔 잠을 못 이루는 밤이 이어져 수술을 해야 했다. 입원과 휴양을 마치고 산골로 내려오는 길, 벚꽃이 어지럽던 산에는 초록이 완연했다.

 일은 사방에 널려 있는데 마음대로 걸을 수도 앉을 수도 없어 난감하던 때, 반가운 이들이 찾아왔다. 3년 전에 우리 농장을 다녀간 일본 친구 슌이 여자 친구 마나와 함께 현해탄을 건너온 거였다. 때맞추어 남편의 40년 지기도 내려왔다. 한꺼번에 셋이나 나타난 일꾼들을 보자 남편의 입이 귀에 걸렸다. 산골에 머무는 동안 그이들은 몸을 사리지 않고 논과 밭에서 돌을 집어내고 퇴비를 뿌렸다.

 떠나기 전 날, 밭에 가려는데 빗방울이 떨어지기 시작하자 슌이 환성을 질렀다. 그동안 일이 힘들었던 모양이다. 나는 슌과 마나에게 우산을 건네며 빗속의 데이트를 권했다.

 그날 나는 특별 손님을 모셨다. 먼저 살던 곳에서 이웃사촌

으로 지내던 하나 아버지와 어머니가 한걸음에 달려왔다. 3년 전, 우리는 두 분에게 우프에 대해 알려드리고 슌을 소개했다. 딸만 셋인 그 댁에서 슌은 따뜻하고 활기 있는 시간을 나누었던 것이다.

나는 슌과 마나에게 우리 집 우퍼들의 전통인 음식 만들기를 주문했다. 지난번에 왔을 때 고추장 샌드위치를 새참으로 내놓았던 슌이 이번에는 자신의 실력을 확실히 보여주겠다며 얼른 앞치마를 둘렀다. 긴 의논 끝에 두 사람이 뜻을 모은 것은 감자 크로켓이었다.

움에서 겨울을 난 감자가 꼭 호두만 해서 껍질을 벗기느라 마나가 애를 먹었다. 순은 냉장고를 뒤져 돼지고기를 찾아냈다. 김치찌개에 넣으려던 돼지고기를 나는 과감하게 순에게 양보했다. 냉동고에 네 조각 남아 있던 식빵을 손으로 부수어 빵가루를 만들고 닭장에서 계란 두 알을 꺼내오는 것으로 재료 준비는 끝났다.

양손에 칼을 쥐고 소리도 경쾌하게 돼지고기와 양파를 다지는 순의 모습은 일류 주방장 못지않았다. 당신보다 잘한다면서 하나 어머니가 박수를 쳤다. 지글지글 소리도 요란하게 순이 돼지고기와 양파를 볶는 동안 마나는 조용히 삶은 감자를 으깼다. 마치 아들 녀석이 여자 친구를 처음 집에 데려온 것처럼 설레는 표정이 역력한 남편이 자꾸만 마나 주위를 맴돌아 사람들의 웃음을 샀다. 아닌게아니라 잘 어울리는 한 쌍의 젊은이는 보고만 있어도 든든하고 행복했다.

드디어 크로켓이 완성되었다. 어렸을 적 식구 많은 우리 집에서 어머니가 특별요리를 만드는 날이면 그러하셨듯 나는 크로켓을 배급했다. 한 사람 앞에 두 개밖에 돌아가지 않았다. 크로켓은 환상이었다. 모두들 한 입씩 아껴 먹으며 젊은 친구들의 솜씨를 칭찬했다. 마나가 발그레해진 얼굴로 말했다.

"음식에서 제일 중요한 건 재료라고 생각해요. 두 분이 직접 지은 감자에다가, 두 분의 보살핌 속에서 나이를 먹은 닭이 낳은 신선한 계란 덕분이지요."

모든 공을 재료에 돌리는 마나가 기특해서 내가 한마디 했다.

"재료보다 더 중요한 건 바로 그대들의 정성이야."

젊은 친구들의 얼굴이 긍지와 기쁨으로 은은하게 빛났다. 그날 우리는 밤늦도록 두 젊은이의 이야기를 청해 들었다. 지난 2년 동안 슌과 마나는 태국과 시리아에서 각각 봉사활동을 펼쳤던 것이다.

슌은 태국의 농촌에 유기농을 보급하고 지도하는 한편 그곳 주민들의 생활개선을 위해 다양한 활동을 했다. 그이들이 만든 수공예품이 대도시의 백화점에서 판매되기까지 생긴 수많은 에피소드에 우리는 함께 웃고 또 한숨지었다. 마나 또한 자원활동가로서 시리아에서 아랍 여성들의 사회 활동을 도와주는 과정에서 일어난 일들을 들려주었다.

그 밤 봉화 깊은 산골에서 나는 태국 오지의 농부들과 시리아의 여인들을 위해 기도했다. 또, 두 젊은이들을 위해서도 기도했다. □

## 베트남 청년 뚜안과 태국 처녀 마야

올 봄과 여름, 우리 농장에는 우퍼들의 걸음이 유난히 잦았다. 하와이 총각 저스틴에서부터 이스라엘의 아미와 아디, 최근에 우리 농장을 함께 찾아온 뚜안과 마야까지. 덕분에 일손 귀한 산골에서 큰 도움이 되었다. 그뿐인가, 말수 없는 남편과 달리 작은 일에도 크게 반응하는 젊은이들 덕분에 웃을 일이 자주 생겼다.

함께 지내는 동안 각국의 문화를 자연스레 배우는 즐거움도 컸다. 음식 이야기도 빠질 수 없다. 태국 처녀 마야는 요리를 하지 못했다. 태국, 특히 방콕 같은 대도시에서는 아침부터 길거리의 식당이나 포장마차에서 음식을 사먹는 사람들이 많다 했다. 태국 음식은 재료가 많이 들어가는 데다 날씨가 덥기 때문이란다. 반면에 베트남 출신의 뚜안은 일머리가 있어 농사일은 물론 부엌일도 척척이었다. 할머니와 어머니는 남자가 부엌에 드나드는 것을 무척 못마땅해 하셨지만, 자립심이 강한 뚜안은 무슨 일이든 혼자서 할 수 있어야 한다고 생각했단다.

마야는 음식 일로 스트레스를 조금 받은 모양이었다. 점심에 뚜안이 조리한 볶음밥을 먹던 날, 설거지를 하던 마야가 집에 가면 아버지에게서 태국 음식을 꼭 배워야겠다고 했다. "웬 아버지?" 하고 물으니 마야의 어머니는 요리를 절대로 하지 않는단다.

"태국에선 다 그래? 여자들 천국이네."

내 말에 마야는 태국도 시골에서는 대개 주부가 음식을 만든다고 했다. 그런데 시골로 시집온 마야의 어머니는 음식은 못한다고 아예 처음부터 선언했다는 거였다. 아내를 끔찍이 사랑하는 마야의 아버지가 부엌을 도맡게 된 사연이었다. 사랑은 문제이기도 하고 해결책이기도 하다.

한편 뚜안은 요리 못하는 마야 몫까지 여러 가지 음식을 만들었다. 그중에는 베트남식 돼지고기 볶음도 있었다. 우리네 불고기와 비슷한데 젓갈로 간을 맞추고 캐러멜로 단맛을 내는 것이 독특했다. 캐러멜을 만들기 위해 설탕 봉지를 집어든 뚜안이 난감한 표정을 지었다. 집에서는 누나가 늘 캐러멜을 만들어 주었단다. 우리는 인터넷에서 캐러멜 만드는 방법을 알아냈다. 처음으로 캐러멜을 직접 만든 뚜안이 흥분과 자랑으로 두 손을 치켜들며 환호성을 질렀다.

"이제 처음부터 끝까지 다 내가 할 수 있어요!"

식탁에서 일어난 이야기도 풍성하다. 식사 때 마야와 뚜안은 음식 먹는 소리를 거의 내지 않았다. 반면 남편은 먹을 때 소리가 많이 나는 편이다. 새참으로 비빔국수를 먹던 날이었다.

"후루룩 쪽."

남편이 내는 요란스런 소리에 뚜안과 마야가 잠깐 어리둥절한 표정을 지었다. 요즘에야 먹는 소리를 내지 않는 것이 식사 예절이라 배우지만 우리 자랄 때만 해도 소리를 내야 먹음직스럽게 먹는다는 칭찬을 받았다. 또한 그 소리에 음식 만든 이가 보람을 느끼기도 했다. 두 친구에게 설명해주니 뚜안이 일부러 '후루룩 쩝쩝' 소리를 내면서 먹어서 한바탕 웃음꽃이 피었다. 이렇듯 식탁에서도 문화는 옳고 그른 것이 없이 서로 다를 뿐이라는 것을 배우는 것이다.

하루는 저녁에 새끼 굴비를 구웠다. 뚜안이 살을 발라먹고 남은 굴비 대가리를 마야가 젓가락으로 집더니 통째로 입에 넣고 우걱우걱 씹었다. 우리 셋은 놀란 눈으로 마야를 쳐다보았다.

"제가 제일 좋아하는 음식이에요."

마야는 남편과 내가 남겨놓은 굴비 대가리까지 모두 먹어 치웠다. 두 젊은이에게 나는 어느 어머니의 이야기를 들려주었다.

"옛날에 어떤 어머니가 생선을 구우면 살은 발라 남편과 아이들에게 주고 당신은 늘 대가리만 드셨단다. 당신은 생선 대가리가 제일 맛나다고 하시면서. 그렇게 키운 아들이 어느새 결혼을 하게 되었지. 첫날 아침, 아들이 밥상을 차리는 자기 각시에게 일렀단다.

'어머니는 생선 대가리를 제일 좋아하시니까 대가리만 드려.'

아침상에서 당신 앞에 놓인 생선 대가리를 보자 어머니는 며느리에게 '참 기특하다' 하시고는 맛나게 드셨단다."

뚜안이 가만히 고개를 끄덕였다.

"어머니들은 다 그러셔요."

마야가 깔깔 웃으며 말했다.

"우리 며느리는 좋겠네. 나는 진짜로 대가리만 좋아하니까."

마야가 우리 집에 오게 된 사연 또한 재미있었다. 일주일 관광 예정으로 우리나라에 왔다가 돌아가는 날 공항에 늦게 도착하는 바람에 비행기를 놓쳤단다. 엎어진 김에 쉬어간다고, 마야는 우리나라에서 조금 더 머물기로 했다. 게스트하우스에서 만난 뚜안에게서 우프 이야기를 듣고는 당장에 우리 집으로 내려온 것이었다.

마야가 명랑하고 즉흥적인 성격이라면 뚜안은 침착하고 치밀했다. 전쟁으로 혼란했던 시절에 베트남에서 라오스로 이주한 뚜안의 부모님은 어린 뚜안과 누나를 프랑스의 외삼촌에게 보냈다. 고등학생 때부터 독립했다는 뚜안은 대학에서 자동차 디자인을 공부하는 한편 방학이면 여러 가지 아르바이트를 해서 돈을 모았다. 취직하기 전에 꼭 하고 싶은 것이 있어서였다. 혼자서 일년 이상 아시아와 오세아니아의 여러 나라를 여행하는 것. 대학을 마치자 뚜안은 인도와 태국, 일본을 거쳐 우리나라에 왔다. 우리나라에도 우프 농가가 있다는 것을 알고는 뛸 듯이 기뻤다고 했다.

다음 목적지인 호주로 떠나기에 앞서 뚜안이 우리 농장을 다시 찾아왔다. 큰 밭에서 기장 모종을 심고 잠시 쉬는 사이 뚜안이 내게 말했다.

"베트남 국적을 포기한 것이 후회가 돼요. 프랑스에서 20년 넘게 살았지만 저는 지금도 제가 베트남 사람이라고 생각해요. 이번 여행에서 더 절실하게 느꼈어요."

아시아 국가들을 여행하는 동안 자신의 뿌리에 대해 많은 생각을 했던 모양이다. 나는 그런 뚜안에게 조금 엉뚱한 말을 했다.

"나도 40년 넘게 살던 서울을 떠나와서 10년 넘게 농사를 짓고 있지만, 지금도 내가 진짜 농부인지는 잘 모르겠어. 농사를 지으며 사는 것에 아무런 후회가 없지만, 아니 참 잘했다고 생각하고 있지만, 도시 사람들 속에서도 그렇고 시골 사람들 속에서도 그렇고 가끔 낯설고 외로워. 그게 나의 한계이면서 또 출발점 같기도 해."

내 말에 고개를 끄덕이다가 먼 데 하늘을 바라보는 뚜안의 어깨를 나는 가볍게 토닥거렸다.

"자, 또 모종을 심어봅시다. 우선은 지금 하는 일에 최선을 다

하는 거야. 젊은 그대는 좋겠구려. 할 일이 많아서."

그날 우리는 다른 날보다 더 많은 기장 모종을 옮겨 심었다. □

## 기적을 믿다

지난해 이른 여름, 하우스에서 낸 콩 모종을 밭에 옮겨 심는 작업이 보름 가까이 이어졌다. 쥐눈이콩 모종이 하루가 다르게 웃자라 애가 타던 때 반가운 소식이 날아왔다. 우퍼가 온다는 거였다. 춘양 버스 터미널에서 만난 데니스는 선하고 친근한 얼굴의 한국계 프랑스 젊은이였다. 2인승 밴 화물칸에 데니스를 태우고 구불거리는 산길을 올라가는 차 안에서 나는 칸막이 뒤의 젊은이에게 무슨 일을 하는지 물었다.

"I am an artist."

산길 따라 마구 흔들리는 차, 화물칸에 놓인 옹색한 목욕탕 의자 위의 젊은이가 망설이지 않고 내놓은 '예술가'라는 말에 나는 감동했다. 아, 이 친구는 진짜 예술가구나.

그날 저녁상에서도 데니스는 차분하고 명료했다. 어렸을 때 프랑스로 입양된 데니스는 몇 년 간의 수소문 끝에 자신을 낳은 어머니를 지난해 찾았다. 비록 말은 통하지 않았지만 어머니와의 첫 만남에서 눈빛으로 많은 대화를 나누었다는 말에 가슴이 찌르르했다. 프랑스의 한국인 유학생에게서 우리말을 배우고 있지만 잘 늘지 않는다며, 우리와 함께 지내는 동안 농사도 배우고 우리 문화와 우리말도 익히고 싶다 했다. 식사 후, 어머니와 서툰 우리말로 통화하던 데니스가 전화기를 내게 건넸다. 나와 동갑이라는 그이의 목소리가 밝고 활기찼다. 우리는 전화기 너머로 서로를 위로했다. 따스함이 느껴졌는지, 약간 긴장된 표정으로 나를 보던 데니스의 얼굴에 웃음이 퍼졌다.

다음날 아침부터 곧장 데니스의 들일이 시작되었다. 쥐눈이 콩 모종을 큰 밭에 옮겨 심는 거였다. 쪼그리고 앉아서 모종을 심던 데니스가 자세를 자주 바꿨다. 나는 데니스에게 가끔 일어서서 허리와 다리를 펴라고 일렀다. 넉 줄을 마치고 새참으로 막걸리를 마셨다. 일할 때 마시면 좋다면서 막걸리를 건네니, 데니스가 무엇이 좋으냐고 물었다.

"통증이 사라지거든. 마음의 통증도 함께."

막걸리를 마시고 일어서는 데니스에게 내가 작업 방석을 건넸다. 데니스는 남편의 도움으로 가랑이에 방석을 끼었다. 그 순간부터 데니스는 작업 방석 애용자가 되었다. 꼴이 우습다고 남편은 절대로 사용하지 않는 동그란 방석을 언제나 엉덩이에 달고 다녔다.

다음날 아침, 데니스가 조금 부스스한 얼굴로 나타났다. 괜찮으냐는 남편 질문에 넓적다리가 조금 뻣뻣할 뿐 아픈 곳은 없는

데 여러 번 잠에서 깼다고 말했다.

"환경이 바뀐 데다 처음 하는 일이라서요."

일꾼은 아니지만 일을 해야 먹고 잘 수 있다는 부담감도 없지는 않으리라 생각하니 안쓰러운 생각이 들었다. 된장국을 건네며 내가 말했다.

"힘들 때는 꼭 쉬면서, 오늘도 즐겁게!"

점심 후 잠시 쉬는 시간에 데니스가 사진을 보여주겠다며 노트북 컴퓨터를 들고 건너왔다. 독일의 대학에서 미술을 전공했지만 사진이 더 좋아 지금은 사진에만 전념한다 했다. 대도시의 뒷골목, 구석지고 오래된 것의 편린을 잘도 잡았다. 추상도 더러 있는데 따스함과 슬픔이 함께 느껴졌다. 작품에 그때그때 단상을 써서 책도 직접 만든다 했다. 책 표지 슬라이드 한 구석에서 데니스의 우리말 이름을 발견했다. 슬픔의 원인이 그것이었나.

누울 자리 보고 다리 뻗는다는 말이 꼭 맞았다. 데니스 오고 며칠 지나지 않아 가끔 말썽을 피우던 오른쪽 무릎이 부어올랐다. 남편과 데니스 둘이서만 밭에 올라가는 날이 늘어났다. 그래도 일 끝내고 내려오는 데니스는 늘 웃음을 띠고 있었다.

하루는 비가 내렸다. 데니스와 청량사라도 다녀오고 싶었지만 가파른 오름길 때문에 엄두가 나지 않았다. 처음 쉬는 날인데 버스도 없는 산골이라 심심하겠다 하니, 데니스의 말이 걸작이었다.

"여기 있는 동안 스님처럼 살려고 왔으니 걱정 마세요."

어쩐 일인지 우리 집에 오는 우퍼들은 불자이거나 불교에 깊은 관심을 가지고 있었다. 옆에서 듣던 남편이 빙긋 웃으며 물었다.

"스님처럼?"

스무 살 시절 데니스는 네팔 여행에서 스님 한 분을 우연히 알게 되어 절에서도 지냈단다. 아침저녁으로 하는 명상이 참 좋았다며 자신에 대해 알고 싶었다 했다. 우리나라에 올 생각은 없었느냐고 물었더니 그때는 아직 준비가 되지 않았었다며 고개를 저었다. 스무 살 젊은이의 고뇌와 아픔이 내게 전해졌다. 보름 넘게 우리와 지내는 동안 데니스는 정말 스님처럼 살았다. 일하고 산책하고 공부하고.

그 많은 콩 모종을 큰 밭에 모두 옮겨 심던 날은 작은 잔치를 벌였다. 화덕에 큰 솥 걸어 닭백숙을 끓이고 앞마당에 천막 치고 가까이 사는 젊은 친구들도 청했다. 동자승 같던 데니스의 얼굴에 금세 활기가 돌았다.

이슬비가 내리는 날이었다. 남편은 소파에 길게 누워 텔레비전을 보고 있었다. 큰 밭 위의 조각 밭에 넣은 수수가 아무래도 시원찮아 나는 수수 모종을 들고 나섰다. 물 주기 어려운 곳이니 비 오는 날이 제격이었던 것이다. 싹이 올라오지 않는 구멍에 모종을 심고 흙을 떠서 북을 주었다. 짧은 줄 두 골을 마칠 즈음 산책 나갔던 데니스가 올라왔다. 내려가라는 내 말을 듣지 않고 데니스는 수수 모종을 들었다.

실낱같이 올라오는 수수 싹 하나가 검은 비닐 밑으로 보일락 말락 보였다. 부처님이 말씀하신 눈 먼 거북이가 생각났다. 나는 조심스럽게 싹을 비닐 밖으로 꺼내 놓고 싹이 햇볕을 쬘 수 있게 손으로 비닐을 조금 찢어놓았다. 나는 데니스를 불러 수수 싹을 보여주고, 『잡아함경』에 나오는 거북이 이야기를 들려주었다.

"큰 바다에 살고 있는 눈 먼 거북이가 1백 년에 한 번씩 물 위로 떠올라 머리를 내놓았대. 그때 바다 한가운데 떠다니는 구멍 뚫린 나무판자를 만나면 잠시 거기에 목을 넣고 쉬었지. 어리석고 미련한 중생이 사람으로 태어나기가 눈 먼 거북이 구멍 뚫린 나무판자를 만나기보다 어렵단다."

잠시 멍한 표정을 짓던 데니스가 고개를 끄덕였다.

떠나는 날, 나는 데니스에게 우리말을 몇 가지 일러주었다. 우리가 함께 옮겨 심은 들곡식 모종 이름과 그동안 먹은 음식 이름도 하나씩 챙겨서 써주었다. 어머니와 나눌 이야깃거리였다. 마지막으로 내가 일러준 것은 '옷깃만 스쳐도 인연'이었다. 고개를 갸웃거리는 데니스에게 내가 말했다.

"열흘 넘게 한솥밥을 먹은 우리의 만남을 생각해봐. 또, 그대가 어머니의 아들로 이 세상에 온 것은 무슨 의미일까?"

데니스가 노트에 적힌 글을 천천히 읽었다.
"옷……깃……만 스……쳐……도 인……연."


한 달 후 데니스가 다시 산골에 내려왔다. 이번에는 혼자가 아니었다. 중학교 영어 교사인 여자 친구 플로랑스가 방학을 맞아 우리나라에 온 거였다. 자기가 심은 쥐눈이콩이 허리만큼 자랐다며 좋아하는 데니스의 얼굴이 여느 때보다 밝았다. 마치 고향 집에 온 것처럼 플로랑스의 손을 잡고 여기저기 보여주고 설명하는 데니스를 보니 마음이 따스해졌다.

어느 이른 아침, 제주도의 어머니에게 내려간 데니스에게서 전화를 받았다. 어머니의 간청에 못 이겨 결혼식을 올린다며 우리를 초대했다. 언어가 달라 의사소통이 어려우니 모자 간에 사소한 문제도 생기는 모양이었다. 오랜 세월 몸담고 살아온 서로 다른 문화도 하루아침에 익숙해지기 어려운 부분이었다. 나는 서로를 향한 사랑과 선한 마음을 각자에게 이해시키며 이야기를 풀어나갔다.

들일이 많은 때였지만 우리는 데니스의 결혼식에 가기로 했다. 마침 제주도에는 보고픈 친구도 있었다. 공항에 나란히 서있는 데니스와 어머니는 붕어빵같이 닮아 있었다. 어머니 사진에 '자화상'이라고 제목을 붙였던 데니스의 마음이 헤아려졌다. 가슴이 저렸다. 내가 이럴진대, 자기와 똑 닮은 어머니를 처음 본 순간 녀석의 마음이 어땠을까. 나는 데니스의 손을 꼬옥 잡았다.

그날 저녁 데니스의 어머니는 오래된 이야기를 들려주었다. 나이가 들었어도 귀여운 얼굴에 쉴새없이 눈물이 흘러내렸다. 알아들을 수 없지만 절절함이 느껴졌는지 플로랑스가 눈물을 흘렸다. 내게서 어머니의 이야기를 전해 들은 데니스가 말했다.

"어머니께 말해주세요. 과거에 대해 어떤 판단도 평가도 하지 않는다고요. 어머니를 만날 수 있었던 것에 감사하고, 그 만남에 서로 행복한 것이 고마울 뿐이라고요."

두 사람의 결혼식은 데니스의 소망에 따라 전통혼례로 치러졌다. 우리말을 모르는 젊은이들을 위해 나는 진행을 도왔다. 결혼식 내내 차분한 표정으로 미소를 잃지 않았던 신랑 신부에게 모두들 찬사를 보냈다. 식이 끝나자 우리는 누가 먼저라 할 것 없이 서로 부둥켜안았다. 기쁜 날에 눈물을 흘리지 않으려 두 눈을 크게 떴지만 결국 세 사람 모두 울고 말았다. 남편 말대로 세상에서 제일 아름다운 결혼식이었다.

석 달 후, 데니스에게서 사진 전시회를 연다는 메일이 왔다. 포스터 사진도 있었다. 'Believe in Miracles'(기적을 믿다)란 제목 밑에 데니스의 우리말 이름이 첫번째로 보였다. 그것도 내게는 작은 기적으로 느껴졌다. 전에 만든 책자에는 우리말 이름이 빠져 있거나 뒤쪽에 들어 있던 것이다.

송년의 늦은 밤, 데니스의 전화를 받았다. 플로랑스가 아기를

가졌다며 고맙다고 했다. 할 줄 아는 말이 오직 그것뿐인 것처럼, 우리는 고맙다는 말을 수도 없이 주고받았다. 데니스의 소식을 전해 듣자 제주도의 어머니는 울음을 터뜨렸다. ▫

## 데니스가 가르쳐준 역지사지

앞밭에서 새끼손가락만 한 첫 오이를 봤던 날, 싱가포르 처자 데니스가 등장했다. 웃음 띤 얼굴에 왠지 긴장감이 느껴졌는데, 우리가 터미널에 나타나지 않을까 봐 조바심을 쳤단다. 한국 농장에 우퍼로 간다니까 친구들이 모두 제 정신이냐며 말렸다 했다. 세상이 어떤 곳인데 어떤 사람인지도 모르고, 어디에 박혔는지도 모르는 곳을, 그것도 여자 혼자서!

그러나 사무실, 집, 잠으로 이어지는 일상을 벗어나 오래전에 잃어버린 열정을 찾기 위해 데니스는 떠나야만 했다. 그곳이 꼭 한국의 우프 농장이어야만 하는 이유도 있었다. 어느 날 우연히 텔레비전에서 본 한국의 우프 농가 이야기가 그녀의 마음에 불을 지폈던 것이다.

터미널에서 만난 순간, 방송에서 우리를 본 것 같다는 데니스에게 나는 그럴 리가 없다고 고개를 절레절레 흔들었다. 데니스는 끈질겼다. 가랑비 내리던 날 뒷마당에 앉아 고춧잎을 다듬던 데니스가 이번에는 데자뷰를 들먹였다. 집 앞 시냇물도 그렇고

161
일도 돕고 문화도 배우고 마음도 나누고

콩밭도 그렇고 예전에 우리 집에 온 것 같다는 거였다. 시골은 어디나 시냇물이 흐르고 콩밭이 있게 마련이라고 나는 다시 일축했다. 잠시 말이 없던 데니스가 무슨 생각이 문득 떠올랐는지 "아!" 하고 자기 머리를 가볍게 때리며 물었다.

"전에 안경 낀 동양인 우퍼와 잘생긴 서양 친구가 함께 온 적 있었지요?"

일손을 잠시 멈추고 생각해보니, 그런 적이 있었다! 베트남 출신의 뚜안과 하와이 미남 저스틴이었다. 두 친구가 우리 집에 머물던 때 방송에도 나갔었다! 지난 8년 동안 우퍼들에게 받은 도움에 보답한다는 생각으로 꼭 한 번 방송에 나간 거였다. 우연이 이렇게도 일치하다니, 이것은 운명이라며 데니스가 내 손을 잡았다.

"모든 일은 다 이유가 있어서 일어난 거예요. 제게 왜 이런 일이 일어났는지 분명히 알겠어요. 이곳에 오게 되어서 정말 기쁘고 감사해요."

세상은 그렇게 넓고도 좁았다. 목적이 확실했던 만큼 데니스는 우리 집에 머무는 동안 최선을 다했다. 일도 열심히 하고 먹기도 잘 먹고 쉴 때는 확실하게 쉬고, 무엇보다 자연과 친해지고 자연에 감사하는 마음을 깊게 되었다고 했다. 나 또한 배운 것이 컸다.

안동 하회마을로 소풍 가던 날이었다. 언제나 그랬던 것처럼

남편이 운전대를 잡고 나는 조수석에 앉고 데니스는 화물칸에 탔다. 30분쯤 지났을 때 데니스가 화물칸과 앞좌석 사이의 칸막이를 두드리며 토할 것 같다고 했다. 남편이 얼른 차를 세웠다. 밖으로 나온 데니스의 얼굴이 하얬다. 나는 숲 쪽으로 데니스를 데려가 시원한 곳에 앉게 한 후 등을 가만가만 두들겨주었다. 얼마 후, 아니라며 손사래를 치는 데니스를 나는 조수석에 앉혔다.

구불거리는 길을 따라 자동차가 흔들렸다. 화물칸에서 나는 균형을 잃은 채 이리저리 마구 흔들렸다. 깔고 앉은 목욕탕 의자를 치우고 맨바닥으로 내려오니 조금 나은 것 같았다. 그렇게 앉아보고 나서야, 나는 그곳에 앉아 함부로 흔들렸을 젊은이들을 생각하게 되었다. 그중에는 데니스처럼 차멀미를 하는 친구도 있었으렷다.

화물칸에 우퍼를 태우면서 괜찮겠냐는 질문을 빠뜨린 적은 없었다. 당연히 누구나 괜찮다고 대답했다. 화물칸 문을 닫고 조수석으로 돌아오면서 '그래, 그대는 나보다 젊으니까' 하고 나는 생각했었다. 거기에는 '나는 주인이니까' 하는 마음도 있었음을 그제야 알게 되었다. 흔들리는 화물칸에서 나는 우리 집에 찾아온 우퍼를 어떻게 대했는가 돌아보았다. 만약 내가 우퍼라면 농장 주인이 내게 어떻게 대해주면 좋을까?

다음날, 수수 모종에 북을 주던 데니스가 잠시 손을 멈추고 내게 말을 걸었다. 전날 내가 화물칸에 앉은 것이 몹시 마음에 걸렸다고 했다. 그러면서 데니스는 뜻밖의 말을 했다. 그렇지만 차멀미를 한 덕분에 동생의 고통을 이해하게 됐다는 거였다. 지난 겨울 여행 때 차멀미하던 동생을 자기는 위로할 생각도 하지 못했다고 했다. 동생의 고통을 알 수 없었기에. 어제 내가 등을 두들겨주었을 때 혼자서 고생했을 동생이 생각나 마음이 아팠다고 했다. 나 또한 데니스의 차멀미 덕분에 역지사지의 가르침을 배웠다고 하니 데니스가 가만히 웃었다.

한 달여의 시간이 흐른 후 데니스에게서 이메일이 왔다. 새로운 일을 시작했노라고, 열정까지는 아니지만 의욕과 자신감을 찾았다며 봉화 산골짜기에서의 모든 것에 감사한다는 내용이었다. □

## 자리나와 만두 이야기

　단풍이 고울 무렵 산골을 찾아와 고추 따고 기장 거두었던 말레이시아 처자 자리나가 얼마 전 우리 농장을 다시 찾아왔다. 종일토록 콩이며 팥을 고르던 때였는데, 재잘재잘 수다 떨기 좋아하는 자리나 덕분에 지루할 새가 없었다. 가족과 친구에서부터 음악과 종교, 직업에 이르기까지 자리나는 이야깃거리도 많았다. 먹는 이야기도 물론 빠지지 않았다. 그동안 내 음식을 그리워했다는 자리나의 아부성 발언에 어깨가 으쓱해진 나는 쑥개떡 송편도 빚고 팥빙수도 만들었다. 평소에는 번거로워 잘 만들지 않는 수제비도 끓였다. 자리나는 음식이 나올 때마다 박수를 쳤다. 오랜만에 먹는 초겨울의 팥빙수는 남편이 더 반겼다.

　낯선 나라에서 생전 처음 겨울을 맞는 자리나에게 제일 힘든 것은 추위와 음식일 터. 추위야 옷을 껴입으면 된다지만, 먹는 것에 관한 한 금기가 많은 이슬람교도이니 젊은 친구가 먹고 싶은 것이 오죽 많겠는가. 돼지고기는 절대로 안 되고 쇠고기와 닭고기도 이슬람교 방식으로 도축된 것만 먹을 수 있다 한다.

대도시에는 무슬림 전문 식당이 더러 있지만, 우리나라에 있는 동안 대부분의 시간을 유기농 농장에서 지냈으니 자리나는 본의 아닌 채식주의자가 된 셈이었다. 그래도 이 친구, 한국 음식이 어찌나 맛있는지 몸무게가 3킬로그램이나 늘어 걱정이라며 너스레를 떨었다.

우리는 만두를 함께 만들었다. 분식집을 지날 때면 김이 무럭무럭 오르는 만두가 먹고 싶었지만, 만두 속에 돼지고기가 빠지지 않는다는 말을 들었기에 먹을 수가 없었단다. 지난해 묵은지와 우리가 지은 콩으로 만든 두부로 만두소를 준비했다. 참기름

대신 들기름을 쳐서 은은한 맛을 내고 자리나가 좋아하는 매콤한 맛을 더하기 위해 청양 고춧가루를 조금 넣었다. 여태까지 먹은 만두 중에 최고라며 자리나는 박수를 쳤다. 나는 자리나에게 어머니의 만두 이야기를 들려주었다.

어렸을 적 설날이면 친정어머니는 곱게 간 돼지고기에 데친 숙주나물과 으깬 두부를 버무려 만두소를 만드셨다. 익지 않은 속도 맛있어서, 오빠들은 만두를 빚기도 전에 손가락으로 속을 집어먹곤 했다. 어머니의 만두피는 여름 적삼처럼 얇고 하늘하늘했다. 그렇게 빚은 만두를 끓는 물에 익혀 물만두처럼 초간장에 찍어 먹었는데, 오빠들은 한 번에 스무 개도 더 먹었다.

시댁에서 처음 먹은 만두는 사뭇 달랐다. 시어머니는 만두에 김치와 두부 그리고 당면을 넣으셨다. 만두피도 두툼했고, 익히는 것도 떡 찌듯이 시루에 찌셨다. 시어머니의 김치만두는 든든하고 칼칼했다.

세월이 흘러, 이제 혼자 남은 내가 내 맘대로 만두를 빚고 있다. 자리나는 내가 만든 만두가 맛나다고 했지만 나는 두 분 어머니의 만두가 그립다. □

음식 ✔ 추억이라는 양념

## 산골 밥상의 구원 투수

산골로 옮겨 앉고 나니 상 차리기가 쉽지 않다. 장이 멀다는 핑계를 대는 것도 한두 번이지, 끼니마다 같은 반찬을 상에 올리려니 스스로도 민망해진다. 하루에도 여러 번 냉장고 문을 열어보건만 새로 보탠 것이 없으니 꺼낼 것이 없다. 골짜기 바람이 너무 차서일까, 열한 마리나 되는 암탉들도 알을 낳지 않는다. 이 겨울에 생산되는 것은 그것뿐인데. 달걀찜, 달걀부침, 달걀말이에 달걀장조림……. 달걀만 있어도 상이 풍성해질 것 같아 닭장 앞을 공연히 서성댔다.

아침에는 된장찌개, 점심은 주말에 내려온 후배가 들고 온 오징어를 볶았는데, 짧은 겨울 해에 어느새 저녁이 되었다. 버릇같이 냉장고 문을 열며 나도 모르게 중얼거렸다.

"뭘 해 먹지?"

마침 물 마시러 건너온 남편이 그 소리를 들었나보다.

"아무거나."

선택의 여지가 없는 산골에서 '아무거나'라는 말은 아무 의미가 없다. 자꾸 툴툴대는 내 속을 읽었는지 남편이 도루묵을 먹자고 했다.

"야호! 도루묵이 남아 있었지!"

얼마 전에 산골을 찾아온 지인을 따라 바닷가에 다녀왔다. 본격적인 추위가 오기 전에 오두막을 마무리하느라 분초를 아끼던 때였다. 산더미같이 쌓인 일 때문에 망설이는 남편의 등을 떠밀다시피 하여 바다로 향했다. 울진 바다까지 한 시간 남짓, 고맙게도 바다가 그다지 멀지 않다.

이름도 모르는 작은 포구에서 바다도 보고 갈매기도 보았다. 맛난 점심을 먹고 포구 구경에 나섰는데 젊은 어부 부부가 배에서 도루묵을 내리고 있었다. 도루묵이 제철이란다. 도루묵이라면 자다가도 벌떡 일어나는 남편이 뜻밖의 횡재에 신이 났다.

옆구리가 터질 것같이 알이 통통하게 밴 도루묵 한 상자와 잔챙이 도루묵도 한 상자 샀다. 선하게 생긴 어부의 아내가 덤이라며 청어 새끼를 듬뿍 담아주었다. 짐칸에 도루묵과 청어를 싣고 구불거리는 산길을 달려오는 길, 큰 부자라도 된 것 같았다.

집에 돌아오는 길로 알배기 도루묵을 골라 소금 뿌려 지글지글 굽기도 하고 양념장 넣고 바글바글 끓이기도 했다. 도루묵이 아찔한 냄새를 내며 익는 사이, 남편이 코를 큼큼대며 여러 번 부엌으로 건너왔다.

바다에서 갓 건져온 도루묵은 더 담백하면서도 칼칼했다. 그날, 나는 냄비 가득 도루묵을 한 번 더 졸여내야 했다. 도루묵 안주로 거나하게 마신 술에 흥이 도도해진 남편이 옛 노래를 따라 불렀다.

"나는야 흙에 살리라……." □

▼
내 맘대로 팥죽

올 봄 우리는 여덟 가지 곡식을 심었다. 벼, 서리태, 쥐눈이 콩, 메주콩, 팥, 수수, 기장 그리고 율무. 들에서 짓는 곡식 농사가 4년째인데 올해는 산골에 들어와 처음 짓는 거여서 마음이 많이 쓰였다. 썩 잘됐다고는 할 수 없지만 황량한 벌판에 밭을 일구고 곡식을 거둔 것만도 다행이다 싶다.

들일 끝나니 안에서 하는 일이 기다리고 있다. 콩이며 팥을 고르는 일이다. 농업기술센터의 콩 선별기를 빌려 1차 고르기는 했지만, 가뭄 탓인지 실력 탓인지 못난 알곡이 많다. 상 위에 콩을 한 줌 와르르 펴놓고는 못난 알갱이를 가려낸다. 집 안에서 편히 앉아 하는 일이라지만, 곡식 고르기도 보름이 넘게 이어지니 어깨도 아프고 등도 아프다. 두꺼비 같은 손으로 쥐눈이 콩을 고르려면 손가락에 경련이 일기도 한다.

콩 고르기는 그래도 나은 편이다. 동그란 콩은 상 위에서 굴리면 제 몸을 팽그르르 돌려 못난 부분을 드러내지만, 길쭉한데다 각이 진 팥은 하나하나 손으로 돌려가며 골라야 한다. 곡식 고르기가 그러나 성가시기만 한 것은 아니다. 썩은 팥, 자라다 만 콩, 못난 콩을 고르노라면 마음이 고요해지니까 말이다.

곡식 고르는 요즘은 끼니마다 실험이 이어진다. 골라낸 못난이 콩으로 비지찌개도 끓이고 콩국도 끓여본다. 못난 곡식으로 지은 음식이 먹을 만하다면 소비자에게 보낼 제대로 된 곡식은 더 맛난 음식이 되리라.

며칠 전에는 찌그러지고 덜 영근 팥으로 내 생전 처음으로 팥죽을 끓였다. 인터넷에서 조리법을 검색해 인쇄까지 해놓았는데 막상 끓일 때는 내 마음대로 하고 말았다. 새알심은 만들기 번거로워 넣지 않았고 찹쌀도 떨어져서 맵쌀을 넣었다. 팥은 곱게 앙금을 내라 했지만 그래도 씹는 맛이 있어야지, 하며 대충 으깨고 말았다. 버리라는 팥 껍질도 그대로 두었다. 죽 위에 둥둥 뜬 거친 팥알이 민망해서 나는 팥죽을 상에 올리며 남편에게 말했다.

"통팥죽이야."

처음 끓인 팥죽은 썩 괜찮았다. 팥죽에는 동치미를 곁들이는 것이 우리네 풍습이라기에 김칫독에서 새로 꺼내 함께 올린 동치미도 한몫을 했다. 다가오는 동짓날에는 나이 수대로 넣는다는 새알심도 만들어 넣고 제대로 끓여보리라. 그런데 남편 몫까지 100개도 넘는 새알심을 헤아리다가 그만 퉁퉁 불어터진 팥죽을 먹게 되는 것은 아닐는지. ▫

## 달콤하고 그윽한 돌배 향에 취하다

　오늘은 하마 벼 이삭이 나왔을까, 아침마다 논을 보러 가는 길이 향기롭다. 오두막 옆 개울가에 서있는 돌배나무 덕분이다. 오종종한 열매를 풍성하게 달고 있는 나무가 정답고 기특하다. 후드득 후드득, 돌배 떨어지는 소리가 즐겁다. 향은 또 어찌 그리 그윽하면서도 달콤한지.

　며칠 전, 돌배나무 아래 큼지막한 자리를 깔아두었다. 비바람이 지나간 어제 아침, 자리 위에 떨어진 돌배를 거두었다. 향이 좋아 저절로 미소가 떠올랐다. 키우는 수고도 들이지 않고 따는 노력도 없이 거저 얻으니 그저 고마울 뿐이다. 그렇게 거둔 돌배로 효소를 만들기로 했다.

　효소 만드는 법은 어렵지 않다. 우선 돌배와 동량의 설탕을 준비한다. 상처가 나지 않는 돌배를 가려 꼭지를 따고 물로 깨끗이 씻은 다음 체에 받쳐 물기를 잘 거둔다. 물기를 거둔 돌배는 칼로 두어 차례 잘게 썰어야 하는데, 자른 부분이 갈색으로 변하는 것을 막기 위해 설탕을 가끔 뿌려주는 것이 좋다. 준비한 설탕에서 3분의 2를 덜어 잘게 썬 돌배와 골고루 버무려서 항아리에 담는다. 그 위에 남은 설탕을 두툼하게 덮은 다음 한지로 봉해 그늘에 보관한다. 설탕이 녹을 때까지 가끔 저어주면서 3개월이 지나면 돌배를 걸러낸다. 1차 발효가 된 원액을 항아리에 담아 다시 6개월 이상 발효시킨다. 효소는 이렇게 기다림 속에서 익어간다.

그러고 보니 효소 만든 세월이 제법 된다. 시골에 내려와 농사를 지으면서부터 바로 만들기 시작했으니 어느새 10년이 넘었다. 처음 몇 년 동안은 쑥, 돌미나리, 아카시아 꽃, 칡순과 으름 열매로 효소를 만들어 복숭아나무와 벼에 뿌려주었다. 효소 덕분인지 우리 집 복숭아는 향과 맛이 뛰어나다는 칭찬을 자주 들었다. 어느 해부터인가 작물에게만 주던 효소를 우리도 먹기 시작했다. 작물에게 좋으면 사람에게도 좋겠지, 하는 생각이었다.

효소는 특히 우리 농장을 찾아오는 외국인 친구들에게 인기가 많다. 일본 친구 슌스께, 이스라엘 젊은이 아미와 아디, 그리고 미국 청년 저스틴이 우리 집에서 먹은 것 중 최고의 음식으로 효소를 꼽았다. 자연에서 얻은 재료와 맑은 공기, 그리고 오랜 기다림이 효소를 최고의 먹을거리로 만들었나 보다.

우리 집에서는 효소를 물로 희석해서 음료수같이 마실 뿐만 아니라 음식에 다양하게 사용한다. 나물 무칠 때 효소를 넣으면 달콤한 맛에 그윽한 맛까지 더한다. 김치 담글 때도 효소를 넣으면 감칠맛이 더해진다. 고추장을 만들 때도 조청 대신 효소를 넣었다.

돌배로 담근 효소는 이번이 처음이니만큼 기대도 크다. 옛날이야기에도 나오지 않던가. 배나무 아래 송아지를 매어놓았더니 송아지는 간 데 없고 고삐만 남았더라고. 과장이 심하기는 하지만, 배가 고기를 그만큼 연하게 만든다는 말이렷다. 배가 그 정도이니 야생 돌배는 말할 나위 없으리라. 다만, 가끔은 고기도 먹을 여유가 생길 만큼 농사가 잘되면 좋겠다. □

## 천상배필, 호박잎과 강된장

산골에 반가운 이들이 오셨다. 태국에서 살고 있는 셋째 오라버니와 올케 언니가 어렵사리 시간을 내어 오신 것이다. 며칠 전부터 무슨 음식을 만들까, 이것저것 궁리가 많았다. 그렇지만 막상 두 분이 오시던 날은 비바람에 쓰러진 기장을 일으켜 세우느라 경황이 없었다.

언니와 간간히 주고받는 이메일에서 보리밥에 열무김치 넣고 썩썩 비벼 먹고 싶다던 이야기를 여러 번 들었던 터라 나는 잘 익은 열무김치만 믿고 있었다. 보리밥은 아니지만 우리가 지은 쌀과 곡식들이 있으니까. 어린 시절, 까까머리 오빠들은 커다란 양푼에 보리밥을 쏟아 넣고 잘 익은 열무김치를 듬뿍 넣은 다음 참기름 몇 방울 떨어뜨리고 고추장에 썩썩 비벼 부뚜막 앞에 빙 둘러서서 한 숟가락이라도 더 먹으려고 말도 안 하고 부지런히 숟가락질만 했었다.

아니나 다를까, 그럴 듯한 냄새를 풍기는 열무김치를 보자 오라버니가 입맛을 다셨다. 그리고는 얼른 한 젓가락 크게 집어 입에 덥석 넣으셨다. 웃음과 기대가 가득했던 오라버니 얼굴이 일그러졌다. 오랫동안 외국 음식에 길들여진 오라버니에게 우리 집 열무김치가 너무 매웠던 것이다. 그날 저녁은 덜 매운 배추김치와 깻잎 장아찌로 얼렁뚱땅 넘겨야 했다.

다음날 이른 아침, 두 분이 오두막에서 단잠을 즐기는 동안 나는 앞밭을 한 바퀴 돌았다. 호박과 가지를 따고, 늙은 오이 하나와 호박잎을 한 소쿠리 가득 챙겼다. 호박과 가지야 그곳에도 흔하겠지만, 호박잎과 늙은 오이는 아무래도 구하기 어려울 것 같았다. 과연 탁월한 선택이었다. 오라버니는 늙은 오이 무침이 담긴 접시를 당신 앞으로 끌어다가 맛나게 드시고는 조금 남은 국물에다 밥을 비벼 드셨다. 커다란 솥으로 하나 가득 찐 호박잎도 금방 동이 났다.

그리고 호박잎과 짝을 이룬 강된장! 5년 묵은 된장에다 올 봄에 담근 햇된장을 섞어서 뜨물을 붓고 다시마 몇 조각과 멸치를 조금 넣고 감자과 호박, 양파를 잘게 썰어 넣어 뭉근하게 졸인 강된장은 단연 그날 식탁의 주인공이었다. 조리법을 묻는 언니에게 나는 굉장한 비법이라도 되는 양 만드는 법을 늘어놓았다.

다음날, 산골에서 꼭 하룻밤을 묵고 돌아가는 두 분께 묵은 된장과 햇된장을 나누어드렸다. 이세 방콕의 아파드에서 우리 된장을 드실 때마다 두 분은 산골에서 먹었던 호박잎 쌈과 열무김치 이야기를 하리라. ▫

## 귀한 손님맞이, 쇠고기국

산골 농사가 쉽지 않다. 콩이며 수수며 잡곡을 심으려는데, 산비둘기 등살에 직파는 안 되고 모종을 내야 한단다. 모종도 안전하지는 않았다. 포트에 넣어 하우스에서 키우는 콩을 다람쥐가 용케도 알고 찾아왔다. 우여곡절 끝에 기른 모종을 밭에 옮겨 심으니, 이번에는 노루가 내려와 줄기를 댕강댕강 끊어 놓았다.

힘이 빠지려고 할 즈음, 서울에서 응원군이 내려왔다. 우리 인터넷 사이트를 오랫동안 지켜보던 이였다. 그날도 우리는 하루 종일 메주콩 모종을 옮겨 심고, 막차 시간에 맞추어 마중을 나갔다. 버스는 예정보다 일찍 도착했고 바지런한 그이는 터미널 앞 고깃간에서 좋은 국거리 한우고기를 샀다 했다. 그러면서 요즘처럼 일이 많은 때는 쇠고기국이라도 먹고 기운을 내야 한다면서 집에 무가 있느냐고 물었다. 마침 얼마 전에 지나간 내 생일날에 공연히 허둥대느라 미역국도 못 먹었기에 무국 대신 미역국을 끓이자고 했다.

다음날 아침, 쇠고기를 푸짐하게 썰어 넣고 미역국을 끓였다. 그러고 보니 설날에 떡국 먹고는 처음 먹는 쇠고기국이었다. 남편도 나도 두 그릇을 비웠다. 속도 든든하겠다, 일손도 늘었겠다, 우리는 메주콩 작업을 가볍게 끝냈다. 늦은 오후에 뜻밖의 손님들이 찾아왔다. 미국에 있는 친구의 어머니를 모시고 후배가 연락도 없이 내려온 거였다. 어머니는 도착하시자 한숨부터 길게 내쉬셨다.

"아니, 이 깊은 산골을 대체 어떻게 알고 들어왔어?"

"그러게요. 멀긴 머네요."

긴 운전 끝에 진력이 났을 후배도 거들었다.

남편이 머리를 긁으며 말했다.

"오시는 분들께는 죄송하지만, 저희는 이런 곳이 좋아서요."

남편 말에 고개를 끄덕이시던 어머니가 사방에 널려 있는 일거리를 보시고는 혀를 차셨다.

"아이고, 저 많은 일을 언제 다 하누? 펜대 잡고 일했던 사람이. 하긴, 자네들이 좋아해서 스스로 택한 일이니 어쩌겠나."

오두막에 들어선 어머니는 사방을 둘러보셨다.

"작아도 편하게는 꾸며놓았네. 유 서방 솜씨가 워낙 좋으니까. 진숙이가 부쩍 궁금한가 봐."

새로 옮겨 앉은 산골이 살 만한 곳인지, 먼 곳에 있는 친구가 어머니와 통화할 때마다 걱정했던 모양이다.

"산 좋고 조용하고, 우리한테 딱이에요. 걱정 붙들어 매라고 전해주세요."

당신 눈으로 보셨으니 궁금증이 풀리셨는지, 어머니는 곧 후배에게 갈 길을 재촉하셨다. 나는 어머니를 붙잡아놓고는 서둘러 저녁을 지었다. 국거리 한우고기도 있겠다, 마땅히 쇠고기국을 끓여야 했다.

어렸을 적, 친정어머니는 귀한 손님이 오시면 쇠고기국을 끓이셨다. 양파 채 썰고 쇠고기 결대로 썰어 마늘과 국간장, 참기름을 넣고 달달 볶은 다음 물을 붓고 보글보글 끓이다가 계란을 풀어 넣으셨다. 쇠고기와 참기름이 어우러져서 내는 냄새는 환상적이었다. 너나 할 것 없이 가난했던 시절, 쇠고기에 계란이 한꺼번에 들어갔으니 최상의 국이 아닐 수 없었다. 후에 품 떠난 자식들이 당신을 찾아오는 날에도 어머니는 쇠고기국을 끓이셨다. 먹고살 만해진 자식들에게도 어머니의 쇠고기국은 여전히 최고의 국이었다. 추억이란 양념은 그토록 강력했다.

그런데 그날 친구의 어머니는 쇠고기국을 젊은 후배에게 자꾸 밀어놓으셨다. "고깃국은 누린내가 나서 싫어" 하시며 자식들에게 밀어놓으셨던 우리 어머니처럼. ▫

## 도토리묵과 뜻밖의 초대

하우스에 심은 김장배추에 물을 주러 갔다가 깜짝 놀랐다. 하우스 앞에 그전에는 못 보았던 도토리가 여기저기 떨어져 있었다. 웬 도토리? 하고 고개를 들어 살펴보니, 건너편 산자락에 갈참나무 한 그루가 서있었다. 참나무는 늘 그 자리에 서있었을 텐데 지난 가을에는 안 보이던 도토리가 그제야 눈에 띄다니, 산골에서의 첫해를 어지간히 동동거리며 살았던 모양이다. 도토리 주우러 따로 산에 갈 일도 없으니 산골이 좋긴 좋구나, 했으면서도 하루하루 늘어가는 도토리를 그대로 놔둔 것은 순전히 게으름 탓이었다.

먼저 살았던 앙성 아랫밤골에도 도토리가 많았다. 이맘때면 마을 어르신들은 으레 자루를 들고 산으로 올라가셨다. 그곳에서 꼭 10년을 살았지만, 나는 도토리를 한 번도 줍지 않았다. 가루 내는 일이 도서히 엄두가 나지 않았던 것이다. 껍질 벗기는 것도 큰일 같은데 말리고 빻아서 물에 담가 앙금을 내려야 한다니, 생각만 해도 고개가 저어졌다.

그렇지만 다솜 할머니께서 만들어주신 도토리묵은 정말 잊을 수 없는 맛이었다. 느껴질 듯 말 듯 떫은맛에 쫀득쫀득한 식감에다 젓가락 밑에서 미끄러지는 재미까지. 거기에 막걸리만 더하면 금상첨화렷다.

주말마다 산에 가던 시절, 하산길 주막에서 먹었던 도토리묵도 빠질 수 없다. 산에서 내려와 목도 마르고 배도 고플 때, 막걸리 한 사발을 벌컥벌컥 들이켜고 손으로 입가 한 번 쓰윽 문지르고는 찰진 도토리묵 한 점을 입에 넣으면 임금님이 부럽지 않았다.

생각나는 사람도 있다. 낙엽이 떨어지는 가을이었는데 직장 동료가 나를 자신의 집으로 청했다. 평소 인사만 하고 지내던 사이였기에 그이의 초대는 뜻밖이었다. 그날 그이는 담담한 표정으로 굴곡 많은 자신의 가정사를 내게 들려주었다. 그날 그이가 차린 상에는 도토리묵이 있었다. 평소 먹던 것과 조금 다른 맛이었는데, 들깨가루와 들기름을 넣었다 했다. 친정어머니가 만드시던 방법대로 해보았다며, 그이는 그렇지 않아도 큰 눈을 더 크게 뜨며 쓸쓸하게 웃었다. 눈에 그렁그렁 눈물이 고였던 것이다.

며칠 전 아랫마을의 할아버지가 댁에서 쑤신 것이라며 도토리묵을 한 덩어리 가져다주셨다. 그날 저녁상 가운데 자리는 당연히 도토리묵이 차지했다. 올해 죽을 쑨 오이 대신 어린 노각을 채로 썰고 깻잎도 썰어 얹었다. 고춧가루 양념에, 들깨 가루를 듬뿍 뿌리고 들기름도 쳤다. 은은한 들기름 냄새에 오래 전 친구가 생각났다. 어디서든 부디 행복하기를.

 다음날, 집에 있는 사과 몇 알을 들고 할아버지 댁으로 건너갔다. 부엌문 앞 함지박에 도토리가 작은 동산만큼 쌓여 있었다. 올해는 내 손으로 도토리묵을 쑤어볼까, 했던 생각을 나는 슬그머니 접고 말았다. ▫

## 우리 집 겨울 식탁 일등공신

올 겨울 우리 집 식탁의 일등공신은 단연 삭힌 고추였다. 개근상이야 물론 김장 김치에게 돌아가겠지만, 소탈하면서도 질리지 않는 칼칼한 맛은 삭힌 고추에게 공로상을 주기에 마땅했다. 특히 손님이 오시는 날이면 삭힌 고추는 더욱 진가를 발휘한다.

"아삭아삭하니 별로 짜지도 않고, 밥도둑이 따로 없네요."

아닌 게 아니라 따끈한 밥만 있으면 삭힌 고추 하나만으로도 밥 한 공기는 너끈히 비우게 된다. 반찬 걱정 덜어주고 어깨까지 으쓱하게 만들어주니 공로상감이 아니고 무엇이랴.

시골에 내려온 이듬해, 300평쯤 되는 앞밭에 고추를 심었다. 내 생전 처음 하는 일이니 비닐 씌우고 고추 모종 심고 나서는 여러 날을 앓았다. 여름내 뙤약볕 아래 고추 따느라 고생하고 손에 쥔 돈이 겨우 50만 원. 서운했다. 고추라면 고개가 흔들어졌다.

그해 겨울, 이웃집 할머니께서 삭힌 고추를 조금 나누어주셨다. 어찌나 칼칼하고 맛나던지, 만드는 법을 여쭈었다. 별로 어려울 것 같지 않았다. 앞밭의 그 많던 고추가 눈에 삼삼했다. 그 이듬해에 삭힌 고추를 처음으로 만들던 날은 다솜 엄마를 선생님으로 모셔왔다. 첫 작품은 대성공이었다. 다음번에는 혼자서 해보기로 했다.

아침 일찍 싱싱한 고추를 땄다. 꼭지를 가지런하게 맞추어 얌전하게 잘랐다. 고추를 물에 깨끗이 씻어 체에 받쳐 물기를 거두고 나서부터 고민이 시작되었다. 고추에 간이 잘 배도록 바늘로 구멍을 내야 하는데, 꼭지 쪽에 뚫는 건지 뾰족한 아래쪽에 뚫는 건지 영 헷갈리는 거였다. 도무지 생각이 나지 않아 결국 다솜 엄마에게 쫓아가야 했다.

그리고는 해마다 같은 일이 반복되었다. 다솜 엄마가 없으면 사방으로 물으러 다녔으니, 변변치 못함을 동네방네에 스스로 소문낸 꼴이 되고 말았다. 어느 해는 자꾸 묻는 것이 민망해서 손에 잡히는 대로 구멍을 뚫었다. 시간이 지나고, 잘 삭은 고추를 상에 올렸다. 과연 맛있을까? 기대에 차서 삭힌 고추를 덥석 베어 먹던 남편의 얼굴이 일그러졌다. 남편 얼굴은 간장 범벅이었다. 꼭지 쪽에 구멍을 뚫어 아래로 고인 간장이 고추 끝을 베무는 순간 사방으로 튄 것이었다. 그해 우리는 지뢰 다루듯 조심조심 삭힌 고추를 먹어야 했다.

올 겨울 산골 밥상을 감칠맛 나게 짭짤하게 만들었던 삭힌 고추는 앙성에서 마지막으로 담근 거였다. 벼와 콩이며 곡식 추수에 산골 오두막 정비까지 겹쳐 정신없이 바쁜 때였다. 그래도 삭힌 고추는 거를 수 없어 늦은 밤에 헤드 랜턴을 밝힌 채 마지막 고추를 땄다. 아직도 성성한 것이 아까워 고춧잎도 조금 챙겼다. 다음날도 날이 밝기가 무섭게 고추밭에 매달렸다. 진력도 나고 손가락도 아파 잎이 남아 있는 고추나무 하나를 인심 쓰듯 통째로 닭장 안에 던져 넣었다. 닭들이 나무를 향해 우르르 몰려가는가 했더니 순식간에 잎을 다 쪼아먹어 버렸다. 가지만 앙상하게 남은 고추나무를 보고 있노라니 가슴이 찡했다.

고추의 일생이 그러했다. 봄에는 방아다리 아래쪽 잎을 내주어 나물 맛을 보게 해주고, 여름과 가을 내내 풋고추로 매끼 상 위에 올라 주인 아낙의 반찬 걱정을 덜어주고, 겨울에서 이듬해 봄까지는 누렇게 삭은 몸으로 주인 양반 입맛을 돋우어주고, 바싹 말린 붉은 고추는 온몸이 가루로 부서지고 갈아져서 김장이며 고추장에 녹아 들어가는데, 늙은 줄기에 매단 잎들조차 닭들에게 저리 아낌없이 내주다니. 나는 닭장 안에서 장렬하게 한 생을 마감한 고추나무를 향해 가만히 합장했다. ▫

## 빼빼로데이와 농업인의 날, 그리고 가래떡

며칠 전에 뜻밖의 카드 하나를 받았다. 가을걷이가 거의 끝나가는 데다 주말에 배추 150여 포기로 김장을 담근지라 긴장이 풀린 탓인지 손가락도 까딱하기 싫어 게으름을 피우고 있던 차였다. 보내는 사람에 '경북농산물품질관리원'이라고 찍혀 있는 미색 봉투를 여니 꽃다발 그림이 화사한 카드가 나왔다. 대체 무슨 카드일까? 고개를 갸우뚱거리며 카드를 펴니 "열세번째 맞는 농업인의 날을 맞이하여 가내에 행운이 가득하기를 기원"한다는 내용이 적혀 있었다. 카드에 새겨진 화사한 꽃다발을 보고 있노라니 찌뿌드드하던 몸과 마음이 밝아졌다. 그런데, 11월 11일이 농업인의 날이라는 것을 아는 사람들이 과연 얼마나 될까? 오늘 같은 날, 도시의 소비자들로부터 이런 축하 카드를 받으면 얼마나 기분 좋을까?

그날은 마침 봉화 지역 귀농인 교육을 받으러 일주일에 한 번 농업기술센터에 가는 날이었다. 자동차 라디오에서는 '빼빼로데이' 이야기가 한창이었다. 대기업이 생산하는 과자에서 이름을 따왔다는, 국적 불명의 이 기념일이 젊은 층 사이에 깊이 뿌리를 내린 모양이다. 학생들은 물론 어른들까지도 이날 젓가락 같이 생긴 과자 선물을 받지 못하면 소외감을 느낀다는 거였다.

그런가 하면, 이날을 '가래떡의 날'로 정해 의미 있는 행사를 하는 곳도 늘어나고 있다고 한다. 줄어드는 쌀 소비도 늘리고 전통문화도 돌아보게 하니, 반가운 일이 아닐 수 없다. 흙 토 '土'를 가만 살펴보면 '十一' 즉 11이라는 숫자가 나온다. 이렇게 흙 토가 두 번 반복되는 11월 11일을 농업인의 날로 정한 것은 우리네 농부들이야말로 흙과 더불어 살아가기 때문이리라. 우리 쌀로 대표되는 농업, 농업인의 날에 날짜같이 가늘고 길쭉하게 생긴 가래떡을 먹는 것은 의미가 깊다 하겠다.

이맘때면 김장을 담그는 우리 집에서도 김장 날이면 빼놓지 않고 가래떡을 준비한다. 쌀농사를 시작하고부터는 우리가 지은 쌀로 가래떡을 한다. 어렸을 적 김장 날이면 친정어머니는 으레 아침 일찍 방앗간에서 가래떡을 빼오셨다. 그리고 양념간장을 만드셨다. 그러면 일곱이나 되는 우리 남매들은 김이 무럭무럭 나는 가래떡 주위에 둘러앉아 긴 떡을 통째로 들고 양념간장에 찍어 먹었다. 따끈따끈하고 말랑말랑하고 쫀득쫀득한 가래떡을 한 입 베어 문 오빠들 얼굴에 번지던 행복한 웃음이 지금도 잊히지가 않는다. 어머니는 또 가래떡을 이웃과 나누셨다. 하얀 면보로 덮은 쟁반을 들고 골목을 돌아다니며 아직도 김이 오르는 가래떡을 큰 선물이라도 되는 듯 나누어드렸던 기억도 즐겁다.
　이번 김장 때도 나는 어렸을 적 기억을 떠올리며 가래떡을 준비했다. 때맞추어 내려온 도시의 지인들과 함께 나누니 더욱 즐거웠다. 김장 때마다 미리 약속을 한 것처럼 좋은 사람들이 찾아오는 것도 신기하다. 셋째 해 김장 때는 마침 복숭아 교육에 참석했던 남편이 눈빛 맑은 젊은이와 함께 들어섰다. 사과 농부 한별 아빠는 그렇게 우리와 지기가 되었다. 막걸리 잔 기울이며 농사와 의미 있는 삶에 대해 열정적으로 이야기하던 그 젊은이가 2년 전에 허망하게 우리 곁을 떠났다. 앙성을 떠나 산골에서 처음 담그는 김장 날, 한별 아빠가 유난히 생각났다. ▫

## 진짜 김치 부침개

설에 지낼 차례 상 준비를 위해 장을 보았다. 춘양 5일장이 서는 날은 함박눈 예보가 있어, 그 전날 영주까지 나갔다. 대형마트에서 이것저것 필요한 것을 찾느라 숨바꼭질을 해서 그랬는지 시장기가 돌았다. 조금 이르기는 하지만 저녁으로 먹자며 우리는 칼국수집을 찾아 들어갔다. 반갑게 맞이하는 젊은 여주인 뒤로 대형 나무판과 홍두깨가 보였다. 제대로 찾아 들었네 싶었다. 칼국수는 시간이 조금 걸린다며 여주인이 먼저 내온 것이 김치 부침개였다. 조금 큼직하다 싶게 썬 김치가 은은한 빨강 아래로 살짝 비쳤다. 칼칼하면서도 매콤한 것이 내 입에 딱 맞았다. 김치 부침개가 맛있어서 정작 주인공인 칼국수는 엄벙덤벙 넘어갔다.

설 밑이라 그랬는지 김치 부침개를 먹으면서 미국에 있는 친구가 자꾸 생각났다. 타국 생활이 어느새 10여 년, 친구는 그동안 두어 번 서울을 다녀갔다. 한 번은 어렵사리 시간을 내어 시골 우리 집에도 내려왔다. 내가 진짜로 농사꾼이 되었는지 자기 눈으로 확인해야 믿을 수 있다면서.

시골 생활이 아직 어설픈 때였지만 우리가 농사지은 배추와 무로 김장을 담가놓고 의기양양해 있을 때였다. 친구를 위해 내가 준비한 별식은 김치 부침개였다. 친구도 나도 김치 부침개와 막걸리를 최고로 쳤던 것이다. 그날 나는 부침개에 돼지고기도 썰어 넣었다. "이건 특별이야" 하고 내놓은 김치 부침개를 그러나 친구는 칭찬해주지 않았다.

"어, 돼지고기를 넣었네. 그냥 김치로만 부쳐야 진짜 김치 부침개지!"

특별한 음식을 만들어주려던 나의 노력은 허사가 되었지만 오랜만에 김치 부침개에 막걸리를 나눈 그 시간은 특별했다.

3년 전 봄, 그 친구가 아프다는 소식을 전해왔다. 걸리는 것이 많았지만 나는 친구에게 다녀오기로 마음먹었다. 타국에서 홀로 있는 친구에게 며칠이라도 따끈한 밥을 지어주고 싶었다. 다음날로 제일 싼 비행기 표를 구하고 그 이튿날 나는 태평양을 건넜다. 북경과 뉴욕을 경유하는 그 먼 길에 내가 친구를 위해 들고 간 것은 우리 콩으로 만든 청국장과 떠나던 날 아침에 김장독에서 꺼낸 신 김치 몇 쪽이 전부였다.

워싱턴 디시에 있는 친구 집에 도착하자마자 나는 신 김치 송송 썰어 김치 부침개를 부쳤다. 정말 특별한 김치 부침개라며 친구는 박수를 쳤다. 진짜 김치 부침개에 막걸리 대신 와인을 홀짝대던 그날 저녁, 우리는 행복했다. □

## 장독대 주변을 어슬렁거리다

 메주 쑤고 장 담그고 등등해진 기세를 몰아 고추장을 담갔다. 재료는 진즉 준비되어 있었다. 지난해 별다른 기대 없이 지은 고추가 우리 수준으로는 대풍이었다. 덕분에 귀농 11년 만에 처음으로 고춧가루 장사도 했다. 다른 들일에 치여 불 밝히고 딴 끝물 고추는 색깔은 덜 났지만 야무지게 약이 올라 매운 맛도 맞춤했다. 덤같이 얻은 끝물 고추를 곱게 빻으니 20킬로그램이 넘었다. 고추장 메주는 따로 만들지 않고 몇 덩어리를 조금 덜 띄워놓았다. 물은 맛도 좋고 효험도 있다는 춘양 약수터에서 받아왔다. 뒷산 바위틈에서 흘러내리는 우리 물도 좋지만 약수 뜨는 정성을 들이면 더 좋을 것 같았다. 간수 뺀 소금도 넉넉했고 조청 대신 넣을 돌배 효소도 향이 그윽했다.

 항아리는 춘양 5일장에서 새로 마련했다. 친정어머니가 쓰시던 항아리에다 시골에 내려와서 사들인 항아리도 적지 않건만, 김장독으로 예닐곱 개 땅에 묻고, 철철이 나는 재료로 담근 효소에 장까지 담으니 그만 바닥이 난 거였다. 거금을 들여 크고

© Denys Delvigne

작은 항아리 네 개를 새로 들여놓았다. 우리 보리로 싹을 틔웠다는 엿기름도 사왔다.

고춧가루가 넉넉하니 찹쌀고추장은 물론 보리고추장도 담그기로 했다. 우리 메주를 보신 어르신들께서 권하셨던 것이다.

"찌개 끓이고 장아찌 박으려면 보리고추장이 제격이제."

여기저기 수소문 끝에 어르신들이 직접 띄우셨다는 보리쌀을 구했다. 만드는 방법도 자세하게 들었다. 찹쌀은 오랜 친구 부부가 지은 것을 보내주어 곱게 빻았다.

고추장 담그는 데 꼬박 사흘이 걸렸다. 첫날, 생전 처음 담그는 보리고추장은 설명대로 따라 하니 별 어려움이 없었다. 오히려 두 번 담근 적이 있는 찹쌀고추장이 헷갈렸다. 방법과 재료의 양이 집마다 달랐던 것이다. 몇 년 전에 마을 어르신들의 도움을 받아 담갔던 찹쌀고추장 기록을 참고하고 인터넷에서 건진 정보를 종합하여 표준안을 만들었다.

그런데 문제가 생겼다. 찹쌀가루 삭힌 엿기름 물을 '적당히' 달이라는데, 그 '적당히'가 어느 정도인지 땅띔도 못하겠는 거였다. 달착지근한 냄새를 풍기며 엿기름 물이 끓는 가마솥 뚜껑을 수도 없이 열었다 닫았다 했다. 다행히도 엿기름 물은 적당히 졸여진 모양이었다. 햇볕 아래서 익어가는 고추장이 묽기도 적당하고 맛도 좋은 걸 보면. 장 항아리가 가지런히 널려 있는 장독대 주변을 뒷짐 지고 어슬렁거리는 것이 요즘 나의 제일 큰 낙이다. □

## 못난이 팥으로 부리는 호사

지난해 팥 농사가 별로였다. 자람은 그런대로 괜찮았는데 수확에 문제가 있었다. 추수할 것들은 널려 있는데 손이 모자라 마음이 급하던 때 인근 마을에서 젊은 친구들이 건너오자 흥분한 남편이 조금이라도 많이 거둘 욕심에 밭 가장자리에 심었던 팥부터 덜컥 거두었던 것이다.

새참 챙겨서 밭에 올라가니 덜 익은 팥이 이미 반 가까이 베어져 있었다. 햇볕에 아무리 말려도 덜 영근 팥은 찌그러진 것 투성이에 색깔도 시원찮았다. 고르고 골라 잘생긴 팥을 소비자에게 보내고 나니 남은 것이 더 많았다.

그렇지만 못난이 팥 덕분에 지난 겨울 우리는 새로운 별식을 즐길 수 있었다. 생전 처음 팥죽을 끓이던 날은 처음 만드는 주제에 씹는 맛이 있어야 한다며 삶은 팥을 대충 으깨 넣어 끓이고는 '통팥죽'이라고 우겼다. 거칠기는 해도 동치미를 곁들이니 그럴싸해서 겨우내 우리 상에는 팥죽이 심심치 않게 올랐다.

산골에 온 친지들과 찌질이 팥이나마 함께 나누는 넉넉함도 누렸다. 사연을 얘기하면 다들 혀를 끌끌 차고는 못난 팥이나마 소중하게 가져갔다. 끼니마다 오르는 팥밥이 조금 지루하게 느껴질 즈음 여름이 왔다. 팥빙수의 계절이 온 것이다. 나는 빙수용 단팥을 만들어보기로 했다. 남편도 나도 팥빙수를 엄청 좋아했지만 단팥을 집에서 만든다는 생각은 감히 하지 못했다.

막상 해보니 생각보다 쉬웠다. 깨끗이 씻은 팥을 센 불에 우르르 삶아 첫 물은 버리고 넉넉히 물을 부어 충분히 삶았다. 잘 익은 팥에 꿀과 설탕을 조금 넣어 약한 불에 잠깐 끓인 다음 주걱으로 으깨니 부드러우면서도 씹는 맛이 있는 단팥이 되었다.

올해 처음 팥빙수를 먹던 날은 마침 개울 건너 밭에 팥을 심던 날이었다. 아침 일찍 서둘러 밭에 올라 팥을 넣고 내려오니 어느새 점심시간이 훌쩍 지나 있었다. 늦은 점심을 대충 먹고는 팥빙수를 만들었다. 믹서로 얼음을 갈고 미숫가루 넣고 단팥을 듬뿍 얹고 두유를 부었다. 지난해 봄에 만든 산딸기 효소로 마무리하니 은은한 풍미가 도는 팥빙수가 되었다.

그날 이후 팥빙수는 우리 집 단골메뉴가 되었다. 미숫가루를 듬뿍 넣으면 속이 든든해져서 새참으로 손색이 없을 뿐 아니라 손님 오시는 날에는 근사한 디저트로 빛을 발한다. 줄딸기, 오디에 이어 산딸기가 사방에 지천이니 귀한 야생과일을 듬뿍 얹은 웰빙 빙수를 즐기는 사치도 부린다.

며칠 전에는 이웃한 마을에서 수박 농사를 짓는 분이 봉화의

특산물 복수박을 두 통이나 주셨기에 요즘은 달고도 시원한 복수박 팥빙수를 시도 때도 없이 즐긴다. □

## 연두색 콩잎과의 즐거운 씨름

앞밭 사과나무 사이에 심은 서리태가 어느새 순지르기(성장과 수확을 개선하기 위해 곁순을 자르는 것)할 때가 되었다. 연두와 초록으로 빛나는 잎들이 하릴없이 잘려나갈 것을 생각하니 몹시 아까웠다. 콩잎으로 무얼 만들 수 없을까, 궁리하다가 얼마 전 잠을 설친 밤에 인터넷을 뒤졌다. 그랬더니, 세상에나, 콩잎으로 만드는 음식이 많기도 했다. 장아찌와 쌈에 김치까지 담글 수 있다는데, 경상도와 충청도 지방의 토속음식이란다. 제주도에서는 날 콩잎으로 그 유명한 흑돼지고기를 싸서 먹는단다.

그러나 콩잎보다 더 급한 것이 있었다. 하우스에서 모종을 낸 기장을 개울 건너 큰 밭에 옮겨 심는 일이었다. 더위를 피해 날 밝기가 무섭게 시작한 기장 모종 심기는 사흘이 걸렸다. 기장 끝낸 다음날은 새벽부터 비가 내렸다. 기장 뿌리 잘 내리겠네, 하고 밖으로 나간 남편이 오래도록 들어오지 않아 우산 들고 나가보니 남편은 큰 밭에서 풀을 깎고 있었다. 헛골 사이의 풀이 그새 무릎까지 올라온 거였다. 비도 오시는데 청승맞게, 하고 혀를 끌끌 차며 바라보다가 나도 콩잎 생각이 나서 우비를 입고 앞밭으로 나섰다.

비를 맞은 콩잎은 감탄사가 절로 나오게 싱싱했다. 세 장씩 모여 난 잎도 귀여웠다. 가운데 것은 뾰족하니 새침하고, 양 옆으로 난 둥근 이파리는 공손하면서도 어여뻤다. 눈에 보이지는 않지만 솜털이 있어 까슬까슬한데, 그 밑으로 보들보들하면서 제법 부피감이 있는 살이 만져져 아가의 볼처럼 자꾸 쓸어보게 되었다. 나는 가랑이에 끼는 작업 방석을 차고 앉아 작고 연해 보이는 콩잎을 따기 시작했다.

그렇게 딴 콩잎을 하나하나 챙기는 것이 큰일이었다. 장아찌로 담글 것은 길게 대칭이 되게 반을 접어 스무 장씩 실로 묶어 옅은 소금물에 담가 돌로 눌러놓았다. 일주일간 삭힌 다음 말끔히 씻어 된장에 박을 요량이었다. 그러고도 한 달은 더 있어야 간이 배기 시작한단다.

콩잎 맛을 얼른 보고 싶은 마음에 모험하는 셈 치고 물김치를 담그기로 했다. 찹쌀가루 풀을 쑤고 제법 매운 맛이 돌기 시작하는 풋고추를 따왔다. 이른 봄에 싹이 올라오기 시작한 양파를 장난삼아 심어서 횡재하듯 얻은 햇양파도 얇게 썰었다. 고춧가루 곱게 푼 물에 섯갈도 조금 넣고 고추 효소도 넣으니 맛이 그럴싸했다.

콩잎과 즐거운 씨름을 하다보니 시간이 금방 흘러갔다. 저녁

쌀을 씻으려는데, 아랫마을 젊은 농군들에게서 비도 오니 한 잔 하러 내려오라는 전갈이 왔다. 토마토와 배추 농사로 눈코 뜰 새 없이 바쁜 이들이었다. 밤늦도록 농사와 사는 이야기를 진하게 나누고 집에 돌아와 남편은 익지도 않은 콩잎 김칫국을 시원하다며 두 대접이나 들이켰다.

다음날 아침, 따끈따끈한 밥을 물김치에서 건진 콩잎에 싸서 먹으니 그 또한 별미였다. 가을의 단풍 콩잎은 과연 어떤 맛일까. 벌써 기대가 된다. □

✔ 있을 때 잘해

　우리 집 음식 만들기의 첫번째 원칙은 '있는 대로' 이다. 재료를 까다롭게 따지지 않고 그때그때 밭에서 나오는 것을 이용하는 것이다. 파가 떨어지면 부추나 양파를 넣고 그도 떨어지면 푸른 고추를 넣는 식이다.

　두번째 원칙은 '있을 때 잘해'. 작물이 지천으로 넘쳐날 때 말리고 절이고 얼려 보관하여 없을 때를 대비하는 것이다. 말린 묵나물은 물론 기본이고, 얼린 토마토와 말린 감은 겨우내 귀한 간식거리가 되고 살짝 데쳐 얼린 고춧잎도 초록이 그리워질 때면 조금씩 꺼내 무쳐 낸다.

　세번째 원칙은 '추억' 이다. 어렸을 적에 어머니가 해주신 것을 떠올리고 조리법을 유추해내는 것. 이런 때면, 어리거나 젊었던 시절에 어머니를 도와드리지 않았던 것을 뼈아프게 반성하는 한편 '어깨 너머로 배운다' 는 말을 절감하기도 한다. 누룽지 집어 먹는 재미에 부엌에 드나들며 어머니가 음식 만드시는 것을 얼핏 본 기억으로 되살린 음식이 꽤 되니 말이다. 겉절이며 깻잎찜, 장조림 같은 것들이 다 그렇게 만들어졌다.

　얼마 전에 자리나가 왔을 때도 우리 집 음식 만들기 세 가지 원칙은 어김없이 적용되었다. 첫 서리가 내린 날, 말레이시아 처자 자리나가 농사일을 돕겠다며 산골을 찾아왔다. 자리나는 콸라룸푸르에서 컴퓨터 전문가로 일하는 친구이다. 고향에서 야자수 농사를 크게 짓는 아버지를 도와 농사를 지을 생각으로 얼마 전에 직장에 사표를 냈단다. 첫눈에도 영리하게 보이는 자리나는 농작물 재배는 물론 판매에도 관심이 많았다. 마침 고춧가루를 내던 때여서 포장에서 택배까지 배운 것이 많다며 좋아했다.

　자리나는 설거지를 하다가도 문득 송편이 먹고 싶다고 할 정도로 떡을 좋아했다. 직장에는 한국인 직원도 있어서 함께 한국 음식점에도 가끔 가는데, 여태껏 먹어본 한식이 모두 맛있었지만 그래도 떡이 제일 좋다며 배시시 웃었다. 오죽하면 서울에 며칠 머물 때도 바로 이웃에 떡집이 있는 곳으로 숙소를 정했을까. 송편이 먹고 싶다던 날도 추석에 남아서 얼려놓은 송편을 쪄주었더니 앉은 자리에서, 그야말로 두꺼비 파리 잡듯, 열 개도 넘게 집어 먹었다. 당장에 자리나는 남편으로부터 '떡보'라는 별명을 얻게 되었다.

　고춧가루 빻으러 춘양에 나갔던 날에는 일부러 떡집을 찾았건만 허사였다. 방앗간이 여럿 있었지만 거기서 만든 떡은 모두

행사용 맞춤떡이라 팔지 않는다고 했다. 시장을 두 바퀴 돌고 채소가게 할머니께 떡 파는 곳을 여쭈었다.

"시골에서 누가 떡을 사먹어? 다 집에서 해먹지!"

'나도 시골사람인데…….' 면목이 없어 머리를 긁적이다 생각난 것이 지난 봄에 후배들과 함께 만들어 먹고 남겨서 얼려놓은 쑥개떡 반죽이었다. 다음날, 의기양양해진 나는 자리나와 쑥개떡을 만들었다. 그러다가 문득 그 반죽으로 송편도 빚을 수 있겠다는 생각이 들었다. 쌀가루에 쑥이 섞인 것이니 외려 금상첨화였다. 마침 지난 여름 내내 팥빙수에 넣었던 팥소도 얼려놓은 것이 남아 있었다. "송편을 예쁘게 빚어야 예쁜 딸을 낳는다"는 어머니의 옛 말씀을 들려주며 자리나와 함께 빚은 송편은 생기기는 못났어도 맛은 환상이었다. ▫

## 김밥은 역시 꽁지가 맛있더라

 부지깽이도 거든다는 농번기에 파란 눈의 일꾼들이 왔다. 하와이 총각 저스틴과 이스라엘 젊은이 아미. 우리 집에 머무는 동안 두 젊은이는 논 만들고, 밭에 비닐 씌우고, 고추 모종 본밭에 옮겨 심고, 곡식 모종도 냈다. 열심히 일한 젊은이들을 위로하고 우리 문화도 알릴 겸, 가까운 청량사와 도산서원으로 소풍을 가기로 했다.

 소풍날, 새벽부터 김밥을 쌌다. 내 손으로 처음 만드는 김밥이었다. 소풍 갈 아이들이 없기도 했지만, 생각만 해도 번거로워 김밥은 아예 만든다는 마음조차 내지 않았던 것이다. 얼마 전에 김밥 도사인 조카가 내려왔을 때 큰맘 먹고 배웠다. 한사코 안 배우겠다고 손사래를 치는 내게 조카가 말했다.

 "나물하러 산에 다닌다며? 그런 때 김밥만큼 좋은 게 어디 있겠어?"

 산골에 들어왔으니 나물 채취로 짭짤하게 부수입을 올리겠노라고 큰소리를 쳤던 것이다.

김밥은 역시 쉽지 않았다. 우선 속재료 준비부터 손이 많이 갔다. 어묵 데쳐 볶고, 달걀 두껍게 부치고, 당근 채 썰어 볶고, 오이 속 파서 길게 썰고, 김치는 국물 꼭 짜서 결대로 썰고, 양파와 무장아찌는 참기름에 조물조물 무쳤다. 대나무 발에 김을 놓고 참기름과 식초, 통깨로 버무린 밥을 한 주걱 얹었다. 김이 무럭무럭 나는 밥을 호호 불어가며 얇게 폈다. 썰었을 때의 색깔을 떠올리며 속재료를 가지런히 올려놓았다. 드디어 김밥 말기. 조카에게 배운 대로 조심조심 말았건만 김밥은 번번이 찌그러졌다. 그러기를 수차례, 김밥 모양이 조금씩 제대로 나오기 시작했다.

그렇게 김밥을 말고 있으려니 어렸을 적 생각이 났다. 소풍날이면 어머니는 새벽부터 김밥을 마셨다. 일곱이나 되는 아이들도 덩달아 새벽부터 일어났다. 두 언니는 심부름을 하고 까까머리 오빠들과 나는 어머니 주위를 맴돌며 법석을 떨었다. 김밥을 썰 때가 되면 아이들은 박수를 쳤다. 잘생긴 몸통은 도시락으로 들어가고, 속재료가 삐죽삐죽 나온, 그래서 더 맛있는 꽁지는 아이들 차지였다. 어머니는 새끼 제비처럼 입을 크게 벌리고 있는 아이들에게 차례대로 김밥을 먹이셨다.

얼마 전에 재미있는 일이 있었다. 태국에 살고 있는 셋째 올케언니의 이메일을 받고 배꼽을 잡고 웃었다. 김밥 이야기였다. 언니가 김밥을 말면 오빠는 늘 꽁지만 먹었단다. 가운데에서 자른 통통한 김밥을 주면 그랬단다.

"잘생긴 건 그대가 먹구려."

잘생긴 몸통을 아내에게 양보하는 그 너그러움에 언니는 늘 감동했는데 얼마 전에야 김밥은 꽁지가 더 맛나다는 사실을 알게 되었단다. 소풍날 김밥 꽁지의 추억을 오빠는 그때까지 언니에게 발설하지 않았던 것이다. 두 분, 이제는 꽁지를 사이좋게 나누어 드시리라.

어렸을 적 김밥 추억이 없어서였을까. 소풍날 파란 눈의 일꾼들은 늦잠을 잤다. 도시락에 담긴 김밥을 보자 예쁘다고 감탄하더니 접시에 따로 놓은 꽁지를 먹고는 맛있다며 박수를 쳤다. 그대들 덕분에 어렸을 적 즐거운 추억을 떠올렸노라고, 나도 고맙다고 했다. 첫 김밥은 그러니까 대성공이었다. ▫

삶 ✌ 냉이 캐는 아낙처럼 봄은 오더이다

# 우리 집 양배추 김치의 역사

여름 건너기가 힘들었다. 비와 무릎 때문이었다. 조생종 복숭아가 익을 무렵부터 내리기 시작한 비가 중생종 복숭아가 끝날 때까지 이어졌다. 끈질기게 내리는 비 때문일까, 몇 년 전부터 관절염이 찾아온 무릎이 시도 때도 없이 쑤셨다. 여름 내내 남편 혼자 과수원에 올라가는 일이 잦았다.

올해 첫 복숭아를 맛본 날도 남편은 혼자 과수원에 올라 풀을 깎았다. 점심때를 훌쩍 넘겨 내려온 남편은 복숭아 한 알을 들고 있었다. 꼭지도 떨어지고 멍든 자국도 여러 군데였는데, 단내가 제법 났다. 후식으로 아껴 먹을 생각으로 제일 참한 접시를 꺼내 잘 모셔놓고는 늦은 점심을 서둘러 차리는데 멍멍이들이 요란하게 짖었다.

밖을 내다보니 이웃 지역에서 쌈채 농사를 크게 짓는 이가 환하게 웃고 있었다. 그 사이에 뇌경색으로 큰 수술을 받았는데 지금은 거의 회복 단계라는 그이의 말에 우리는 안도의 한숨을 쉬었다. 농부에게는 몸뚱이가 재산인데 여기저기서 적신호가

오고 있으니 어쩌나, 우리는 서로를 위로했다.

된장찌개와 고추뿐이던 식탁이 그이가 가져온 쌈채 덕분에 담박에 풍성해졌다. 점심 후에 나는 복숭아 한 알을 여러 쪽으로 잘라 접시에 냈다. 두 쪽이나 되었을까, 그래도 그이는 우리 집 첫 복숭아 맛을 보았으니 운이 좋다며 흐뭇해했다.

그리고 얼마 후 난데없는 안마기가 배달되었다. 관절염 앓는 무릎에 좋을 거라며 쌈채 농부가 보낸 거였다. 고맙고 송구하기 짝이 없음에도 불구하고 바쁘다는 핑계로 인사도 제대로 드리지 못했다. 며칠 전에야 복숭아 즙 한 상자를 들고 그이의 농장을 찾았다. 같은 길을 가는 사람들이 나누는 이야기는 고단함 속에서도 따스했다. 돌아오는 우리 차에 그이는 여러 가지 쌈채를 하나 가득 또 실어주었다. 그중에는 양배추도 몇 통 들어 있었다. 쌈으로 먹기에는 양이 많아 김치를 담그기로 했다.

앞밭에서 부추를 듬뿍 베어왔다. 남편이 야무지게 엮어 원두막에 매달아놓은 마늘도 물에 불려 까서 찧어놓았다. 양배추는 크게 잘라 손으로 먹음직스럽게 뚝뚝 떼어놓았다. 이날은 고춧가루 대신 홍고추를 갈아 넣었다. 금방 간 고추 색깔이 선명하고 고왔다. 소금으로 간을 해서 버무리니 칼칼한 냄새가 온 집 안에 가득했다. 양배추와 양념이 어우러져 내는 냄새를 맡고 있으려니 내 생전 처음으로 양배추 김치를 담그던 날이 생각났다.

직장 시절 독일 프랑크푸르트에 있는 본사로 장기 출장을 갔을 때였으니 20년도 더 전의 일이다. 회사 경내에 있는 숙소가 답답해서 시내 호텔로 옮겼다. 어느 주말, 시내 구경에 나섰다가 우연히 우리네 시골 5일장 같은 노천 시장에 들어서게 되었다. 과일에서 골동품까지 별의별 것이 다 있었는데, 한구석에 마음씨 좋게 생긴 아저씨가 늘어놓은 좌판에 마늘이 보였다. 마늘이 다 있네, 하며 다가갔는데 그 옆에 양배추가 보이는 거였다. '배추'라는 이름 때문일까, 그렇게 반가울 수가 없었다. 하긴, 한 달 가까이 김치 구경을 못 했으니 그리울 때도 됐지. 앞뒤 가릴 것 없이 그것들을 싸달라고 했다. 김치를 담글 생각이었다. 플라스틱 용기도 하나 샀다. 호텔로 돌아오는 길, 묵직한 양배추 무게에 공연히 미소가 떠올랐다. 두꺼운 종이봉투 너머로 마늘 냄새도 나는 것 같았다.

호텔 방에 그것들을 펼쳐놓고 있으려니 갑자기 아득해졌다. 양배추 김치라니, 담그기는커녕 먹어본 적도 없는 거였다. 어떡하나? 마늘 넣고 고춧가루 넣고 썩썩 버무리면 되겠지, 뭐. 나는 우선 신문지를 넓게 펴고 양배추를 한 겹 한 겹 벗겨 손으로 뚝뚝 잘라놓았다. 마침 회사에서 준 스위스 주머니칼이 있어 그 작은 칼로 마늘을 채쳤다. 비상용으로 가져온 고춧가루도 꺼내놓고 그동안에 얼굴을 익힌 주방장에게서 소금도 얻어왔다. 문제는 김치를 버무릴 그릇이었다. 사방을 아무리 둘러보아도 그릇이 마땅치 않았다.

그렇지! 화장실 세면기! 나는 세면기를 비누로 꼼꼼하게 닦고 비누 냄새가 가실 때까지 물을 끼얹어 씻어냈다. 그런 다음 배수구를 막고 양배추를 담았다. 세면대가 부엌 싱크대같이 넓은 것이 다행이었다. 거기에 고춧가루와 마늘 채친 것 그리고 소금을 넣고 살살 버무렸다. 어느 순간 김치 비스름한 냄새가 나는데 나도 모르게 눈물이 핑 돌았다. 한쪽을 집어 맛을 보니, 세상에나! 진짜로 김치 맛이 나는 거였다. 화장실에서 버무린 김치면 어떠랴, 맛만 기가 막힌걸.

양배추 김치가 생기니 이국 생활에 활기가 돌았다. 빵에 양배추 김치를 얹어 먹기도 하고 길에서 파는 소시지에 곁들여 먹기도 했다. 그보다 더 좋을 수는 없었다. 양배추 김치에 의기양양해져서 어느 날은 다시 노천 시장에서 내 팔뚝보다 더 기다란, 참 싱겁게도 생긴 무를 사다가 깍두기도 담갔다. 그리고는 방에서 나는 김치 냄새가 가실 때까지 "Don't disturb"(깨우지 마시오) 팻말을 걸어놓았다. 아마 청소하는 아주머니들이 대체 이 사람은 언제나 일어나나, 했을 것이다.

출장에서 돌아와 시간이 꽤 흐른 어느 날, 퇴근하는 길에 슈퍼마켓에 들렀는데 식품 코너에 놓여 있는 양배추가 눈에 띄었다. 그날도 나는 앞뒤 가릴 것 없이 양배추 한 통을 들고 집으로 돌아와 김치를 담갔다. 그날 저녁, 느닷없는 양배추 김치에 남편이 의아해했다. 프랑크푸르트 사건을 털어놓으니 남편이 빙

그래 웃었다. 남편 역시 양배추 김치는 생전 처음이라 했는데, 맛이 괜찮았는지 한 접시 더 달라 했다.

그 일 이후, 직장일로 바쁘다는 핑계로 밥도 잘 안 해먹던 시절에도 양배추 김치는 두어 번 담갔다. 후에 들으니 양배추를 소금물에 절이는 것이 정석이라는데 나는 여전히 프랑크푸르트 방식을 고수했다. 화장실 세면대 대신 커다란 함지에서 버무리는 것이 유일하게 다른 점이랄까. 게으름을 감추려는 것이지만, 조리법도 간단하고 맛도 괜찮고 추억도 되살리니 1석3조라며 스스로를 정당화하곤 했다.

시골로 내려온 후 집에서 가까운 장호원장을 가끔 어슬렁거렸다. 국밥도 먹고 물건도 사고 사람 구경도 하고. 어느 봄날, 5일장에서 양배추 모종을 발견하고 나는 뛸 듯이 기뻤다. 모종을 사가지고 오는 길, 내 마음은 어느새 양배추 김치를 담그고 있었다. 우리 집 양배추 김치의 역사는 그렇게 이어졌다. ▫

## 냉이 캐는 아낙처럼 봄은 오더이다

　며칠 전, 저녁 된장찌개에 넣을 냉이를 캐려고 앞밭으로 나섰다. 어느새 하얀 꽃이 핀 냉이가 드문드문 보였다. 냉이 한 뿌리를 캘 때마다 코를 킁킁대며 냄새를 맡다가 문득 떠오르는 기억에 나도 모르게 얼굴이 벌게졌다.

　벌써 여러 해 전의 일이다. 그때도 지금처럼 하얀 냉이꽃이 드문드문 피던 때였다. 대학 선배 두 분이 연락도 없이 내려오셨다. 마침 점심때여서 얼른 쌀을 씻어 압력솥에 앉혀놓고는 앞밭에 나가 냉이 몇 뿌리를 캐었다. 닭장에 들러 갓 낳은 계란도 서너 알 꺼내왔다.

　밥은 질지도 되지도 않게 잘 지어졌고, 계란찜은 병아리색으로 부드럽게 잘 퍼졌고, 된장찌개는 구수한 냄새를 풍기며 보글보글 끓었다. 땅에 묻은 김장독에서 금방 꺼낸 배추김치와 총각김치를 그릇에 소담하게 담고, 조금 신 동치미도 유리그릇에 정갈하게 담았다. 계란찜까지 올려놓으니, 상이 그런대로 그득해 보였다. 김이 무럭무럭 나는 밥을 공기에 소복하게 퍼서 두 분

앞에 놓아드린 다음, 마지막으로 굉장한 요리라도 되는 양 뚝배기에 담긴 된장찌개를 조심스럽게 상 가운데 올려놓았다.

"냄새가 제법 그럴 듯한데."

선배 한 분이 입맛을 다시며 얼른 된장찌개 한 숟가락을 떠서 맛을 보셨는데, 아무 말씀이 없는 거였다.

"어디, 앙성댁 된장찌개 맛 좀 봐야지" 하며 맛을 보신 다른 선배도 말씀이 없기는 마찬가지였다. 그러자 남편이 이상하다는 표정으로 된장찌개 한 숟가락을 떠서 입에 넣더니만 얼굴을 찡그리며 소리치듯 말했다.

"어! 여기다 대체 무얼 넣었길래 이래? 왜 이리 써?"

남편의 말에 깜짝 놀라 얼른 맛을 보니, 한약같이 쓰디쓴 맛이 나는 게 아닌가! 봄 내음 만끽하시라고 몇 뿌리 넣은 냉이 속에 쓴 나물이 들어간 모양이었다. "쓰긴 해도 맛은 괜찮네" 하며 두 분 모두 밥 한 공기씩을 비우기는 했지만, 얼마나 고역이셨을까? 지금도 그때 일을 생각하면 쥐구멍에라도 들어가고 싶은 심정이다. 그 사건 이후, 냉이를 캘라치면 한 뿌리 캘 때마다 꼭 킁킁거리며 냄새를 맡게 되었다.

그 다음해 봄, 그날 오셨던 선배 한 분으로부터 엽서 한 장을 받았다. 에베레스트 등반을 위해 여러 달째 머물고 있는 네팔에서 보내신 거였다. 선배님의 엽서에는 "된장찌개의 추억을 아름답게 간직하고 있기에 앙성은 내게 더욱 가고 싶은 곳이 되었다"는 구절도 있었다. 추억은 모두 아름다운가 보다. 설령 쓰디쓴 기억이라도.

그보다 조금 더 오랜 기억도 있다. 시골에 와서 맞은 두번째 봄, 바람은 칼칼했지만 햇볕이 제법 따뜻한 날이었다. 느티나무 앞 유미네 밭에서 마을의 젊은 아낙들이 냉이를 캐고 있었다. 그림이나 노래에 나오는 나물 캐는 아가씨는 꼭 바구니를 끼고 있었는데, 얼마나 많이 캐려는지 아낙들의 곁에는 비료 포대가 하나씩 놓여 있었다.

"이거 냉이 맞아요?"

마을에서 제일 젊은 용균 엄마가 내게 물었다.

아니, 내게 그런 걸 묻다니! 속으로는 웃음이 났지만 나는 진지한 얼굴로 그이가 건네준 나물을 살펴보았다. 잎은 냉이보다 크고 뿌리는 냉이보다 더 가늘고 짧은 나물이 포대에 꽤 많이 들어 있었다.

"글쎄, 냉이는 아닌 것 같은데……"

그 며칠 전에 남편이 냉이라며 앞산에서 신나게 캐온 것을 옆집 아주머니가 보시고는 못 먹는 것이라 하여 닭장에 쏟아부었던 기억이 났던 것이다. 못 미더운 표정을 짓는 용균 엄마를 향해 나는 잘난 척하며 한마디를 덧붙였다.

"그렇지만 지금 나는 건 거지반 다 먹을 수 있다던데!"

용균 엄마는 냉이도 아닌 것 그만 캐야겠다며 호미를 들고 일어났다. 그때 마침 마을회관에서 민희 할머니가 건너오셨다. 여태 고생한 것이 억울했는지 나물 캐던 아낙들이 얼른 할머니께 달려갔다.

"할머니, 이거 먹어도 되는 거예요?"

"황새 나생이여. 먹어도 되여. 국으로 끓이면 들큰하니 슬쩍 데쳐서 무쳐 먹어!"

할머니의 말씀에 용균 엄마는 나를 한 번 돌아보고는 비료 포대를 옆에 끼고 다시 냉이를 캐기 시작했다. 그러면 그렇지, 서울 새댁이 무얼 알겠어? 그이의 얼굴 표정이 그랬다. 나는 얼굴이 조금 뜨뜻해지는 느낌이었다. 그래도 봄볕이 좋고, 밭둑에 무리 지어 피어난 작고 노란 꽃다지 꽃이 좋아 나는 밭둑에 쪼그리고 앉았다. 뒤늦게 나온 다솜 엄마의 분홍색 줄무늬 스웨터가 눈이 부시게 화사했다.

나물 캐는 아낙들에게 넋이 빠진 시간이 꽤 되었던 모양이다. 언제 나왔는지, 밭둑 끝에 유모차가 보였다. 나는 유모차로 다가갔다. 유모차 안에는 돌이 갓 지난 다솜이네 막내가 울까 말까, 입을 삐죽이고 있었다. 어린 누나, 다솜이가 젖먹이 동생을 달래기 위해 안간힘을 썼다. 그때 바람이 한 줄기 지나가면서 다솜이의 머리카락이 아기의 얼굴에 닿았는데, 간지러웠는지 아기가 반짝 웃었다.

그 순간, 왜 그랬을까, 그 정경이 도장을 찍듯 내 마음에 박혔다. 산자락에는 연초록 기운이 아지랑이처럼 피어오르고, 분홍색 스웨터를 입은 젊은 아낙은 냉이를 캐고, 밭둑에 선 어린 여자애가 유모차에 탄 젖먹이 동생을 달래고 있는. 그날 이후 내게 봄은 꼭 그 모습으로 기억되었다. 그것은 돌아가고픈 고향의 모습이기도 했다. 참 이상한 일이다. 그 전에 이미 40번도 넘게 봄을 맞이했건만, 그 봄날들의 기억은 모두 어디로 간 것일까.

그날 젖먹이 동생을 달래던 다솜이가 어느새 여학생이 되었다. 오늘처럼 바람 칼칼하고 햇살 좋은 날, 하나로 묶은 긴 머리를 찰랑대며 학교에 가는 다솜이를 붙잡고 문득 묻고 싶어진다.

"다솜아! 그 봄날, 너도 기억나니? 분홍색 스웨터를 입은 엄마가 냉이를 캐던 날, 너는 밭둑에 서서 유모차에 타고 있는 찬이를 달랬잖니?" □

# 쑥개떡과 고수레

 논으로 밭으로 다니느라 봄이 어떻게 지나갔는지도 모르는 채 여름을 맞고 있다. 올해는 앞밭에 시설 작업하고 사과나무까지 심느라 더욱 바빴다. 할 일은 사방에 널려 있고 몸뚱이 여기저기서 비명이 들리는 때, 후배들 가족이 위문 공연 한다며 내려왔다. 도착하는 길로 그이들은 밭에 올라가 더덕을 심었다. 돌보지 못한 사이에 뒷산에서 어느새 쇠기 시작하는 두릅 순과 엄나무 순도 따왔다. 오랜만에 만났으니 풀어놓을 이야기 보따리는 또 얼마나 많은지. 바리바리 챙겨온 먹을거리를 나누며 밤늦도록 이야기 꽃을 피웠다.

 이튿날은 쑥개떡의 날이었다. 다들 시골에서 자란 이들이라 사방에 지천으로 깔린 쑥을 그대로 지나칠 수 없었던 것이다. 아침 일찍 논둑에 올라 이슬 머금은 쑥을 뜯었다. 싱그러운 쑥 향기에 감탄사가 끊이지 않았다. 쑥이 많으니 다듬는 것도 일이었다. 남자들이 뜯어온 쑥에는 잡초도 많이 섞여 있었다. 다음 단계는 쑥 데치기. 화덕에 솥을 걸고 장작을 지펴 말끔하게 씻은 쑥을 데쳐냈다.

 불린 쌀을 빻는다며 손님들이 읍내로 나간 사이 남편과 나는 팔자 편한 사람들처럼 낮잠을 잤다. 쌀가루 반죽에는 제일 젊은 아낙이 팔을 걷고 나섰다. 산골의 어머니에게서 보고 배운 것이 많아 못하는 것이 없는 친구였다. 큰 그릇에 가득 담긴 쌀가루를 척척 치대어 반죽하는 솜씨에 모두들 혀를 내둘렀다.

 둥그렇게 둘러앉아 쑥개떡을 빚는 것은 차라리 놀이였다. 동그란 것, 길쭉한 것, 큰 것, 작은 것, 도톰한 것, 납작한 것까지 자유롭기 그지없었다.

 "그러니까 이름도 개떡이잖아."

 손을 놓고 있던 남편이 찜기에 동그랗게 앉힌 쑥개떡을 보고 말했다. 그렇게 만든 쑥개떡을 불 지핀 솥에 앉히고는 솥 주위에 둘러앉아 두런두런 이야기를 나누었다. 아련한 김이 퍼지면서 떡 익는 냄새가 나자 모두 들뜬 얼굴이 되었다.

 솥에서 꺼낸 뜨거운 떡에 손을 호호 불어가며 참기름을 바르는 것도 제일 젊은 아낙의 몫이었다. 향긋한 쑥 향기에 고소한 참기름 냄새가 어우러지니 나도 모르게 침이 꿀꺽 넘어갔다. 채반에 먹음직스럽게 담긴 쑥개떡을 보고 있자니 어느 봄날 하루가 영화처럼 펼쳐섰다.

 생전 처음으로 못자리를 만들던 날이니 9년 전이었다. 남편은 전날 보라네 밭을 삶고는 늦잠을 자고 있었다. 아침을 준비하는데 종현 아버지에게서 볍씨를 넣어야 하니 일찍 올라오라는 전화가 왔다. 하우스에서 여러 날째 튀기고 있는 볍씨에서 하룻밤 사이에 하얗게 싹이 나왔단다. 삶고 튀기다니, 요리 이야기라도 하는 것 같아 웃음이 났다. 볍씨를 튀긴다는 것은 따뜻한 곳에서 싹을 틔우는 것이고 논밭을 삶는다*는 것은 흙을 골라 노골노골하게 만드는 것이다.

남편을 깨워 아침을 대충 먹고 서둘러 올라가니 하우스 안이 벌써 부산했다. 볍씨 넣는 작업은 완벽한 분업으로 이루어졌다. 내게 맡겨진 일은 그중 제일 쉬운 거였는데도 동작이 굼뜬 바람에 전체 작업 속도가 자꾸 느려졌다. 얼마 지나지 않아 허리도 아프고 어깨도 뻐근해졌다. 일도 못하면서, 배는 왜 그리 빨리 고파지는지.

그날의 점심은 읍내 중국집에서 오토바이로 배달된 자장면이었다. 배가 든든해지자 작업에 속도가 붙기 시작했다. 그만해도 일이 몸에 조금 밴 모양이었다. 입담 좋은 진영 어머니의 구수한 이야기가 곁들여지니 힘든 것도 잊었다.

"글 모르는 새신랑이 군에 입대했단다. 얼마 만에 각시에게 보내는 편지에는 굴뚝과 새만 달랑 그려져 있더란다. 어깨 너머로 보고 있던 상관이 그게 무슨 뜻이냐고 묻자 새신랑 왈, 가고 싶은 마음은 굴뚝 같으나 갈 새가 없노라고."

무엇이든 까먹기 잘하는 내가 이 이야기를 아직까지 기억하는 것이 신기하다. 웃음 끝에 느껴지는 아련한 비애 때문일까.

일이 끝나갈 무렵 하우스 한쪽에 수북하게 올라온 쑥이 눈에 들어왔다. 아침부터 났을 쑥 냄새가 그제야 맡아졌다. 뒤늦게 쑥 향기에 감탄하는 나를 보고 진영 어머니가 "그럼, 쑥개떡이나 만들까?" 하고 혼잣말하듯 말했다. 사서 먹는 것으로만 알았던 쑥개떡을 손수 만든다는 말에 내가 잠시 멍해진 사이에 남편이 기다렸다는 듯이 말했다.

"쑥개떡, 좋지요!"

떡보인 나는 물론이지만 떡을 좋아하지 않는 남편도 쑥개떡은 좋아해서 서울 살던 때도 풍물시장이 열리는 날이면 가끔 사오곤 했던 것이다. 그날 저녁 진영 어머니가 쑥개떡 한 접시를 들고 왔다. 말 나온 김에 후딱 만들었단다. 보자기 밑으로 반짝반짝 윤이 나는 쑥개떡이 보름달같이 훤했다. 저녁상을 막 치운 참이었는데도 향긋한 쑥 냄새와 고소한 참기름 냄새에 침이 꿀꺽 넘어갔다. 우리는 '집에서 만든' 동그란 쑥개떡을 연신 집어 먹었다. 부드럽고 쫄깃쫄깃한 떡살에다 자근자근 쑥이 씹히는 맛이라니, 우리는 감탄했다. 그렇지만 그후에도 오랫동안 쑥개떡을 내.가. 집에서 만든다는 생각은 감히 하지 못했다.

몇 년이 흐른 후 나는 드디어 쑥개떡을 집에서 만들기로 했다. 현관문만 나서면 사방에 쑥이 지천인 데다 쌀농사까지 짓는데! 의욕이 하늘을 찔러, 쌀도 믹서로 직접 갈았다. 쌀가루가 곱지 않아 울퉁불퉁했지만 내 손으로 처음 만든 쑥개떡은 감동이었다. 남편도 앉은 자리에서 여러 개를 먹었다. 나도 몇 개를 연거푸 집어 먹었다. 그러다가 밑도 끝도 없이 생각난 것이 친정 어머니의 '고수레'였다.

내가 어렸을 적, 어머니는 보름날이면 빠지지 않고 고사를 지내셨다. 대개는 작은 시루에 백설기를 찌셨는데 가끔은 큰 시루에 팥고물 얹은 떡을 찌기도 하셨다. 솥 위에 시루를 올리고 시루가 떨어지지 않게 밀가루 반죽을 붙이셨는데, 떡이 익는 사이 그 밀가루 반죽도 익었다. 우리가 목이 빠지게 기다리던 떡은 어머니의 치성이 모두 끝나야만 차례가 돌아오니, 어린 나와 오빠들은 우선 그 밀가루 떡부터 맛을 보곤 했다.

떡을 기다리는 마음과 비례하여 어머니의 기도는 길게 느껴졌다. 방들과 마루, 부엌, 장독대에 이르기까지 어머니는 온 집을 돌아다니며 빌고 또 비셨다. 장독대를 마지막으로 어머니의 기도가 끝나면 우리들은 우르르 장독대로 몰려갔다. 그러면 어머니는 장독대에 놓았던 떡에서 한 조각을 떼어 오빠에게 건네며 이르셨다.

"고수레부터 해야지."

오빠는 문밖으로 나가 떡을 던지며 큰소리로 외쳤다.

"고수레!"

언제부터인가 어머니는 고사를 지내지 않으셨고 나도 고수레를 고스란히 잊고 살았다. 고수레 소리를 다시 들은 것은 남편을 만나 산에 다니면서부터였다. 산에서 일어나는 사고 때문인지 산에 다니는 사람들 중에는 고수레를 꼭 챙기는 이들이 있다. 뜻도 정확히 몰랐지만 나도 따라 고수레를 외치면 뭔가 든든한 느낌이 들곤 했었다.

알고 보니 고수레의 유래에는 농사와 관련된 이야기가 많았다. 먼 옛날에 농사법을 일러준 고시라는 이를 기리기 위해 들에서 밥을 먹을 때면 먹을 것을 조금 떼어 던지며 "고시네"라고 했던 것이 고수레가 되었다는 설도 있다. 자연에서 얻은 것이니 자연 속에서 사는 생명들과 나눈다는 뜻이리라.

내 손으로 처음 쑥개떡을 빚던 그 봄날, 나는 늦게라도 쑥개떡을 들고 나가 조금씩 떼어 사방으로 던지며 "고수레" 하고 크게 외쳤다. 봄이면 사방에서 저절로 올라오는 쑥과 작디작은 볍씨에서 올린 싹이 우리 논을 황금색으로 물들이던 것을 떠올리니 저절로 기도하는 마음이 되었다. □

## 식사하셨어요?

"그런데 한국 사람들은 식사했느냐는 질문을 왜 그렇게 많이 하나요? 만나는 사람들마다 밥 먹었느냐고 물으니 말이에요."

지난해 늦가을에 우리 농장을 다녀간 일본 친구 나츠코가 정말 궁금하다는 표정으로 내게 물었다. 인근 마을의 공부방에 함께 다녀오는 길이었다. 나츠코는 중학교 공부방 아이들에게도 같은 질문을 했었다. 간단한 영어로 묻고 대답하는 시간이었는데 질문을 받은 아이들은 당황한 표정으로 아무런 대답을 하지 못했다. 당황스럽기는 나도 마찬가지였다. 누구에게나 으레 하는 인사말이니, 왜 하는지에 대해 생각해본 적이 없었던 것이다. 구불거리는 산길을 느리게 달리는 자동차 안에서 나는 그 이유를 생각해보았다.

내가 어렸을 적, 어머니는 어른을 뵈면 "진지 드셨습니까?" 하며 공손하게 인사해야 한다고 가르치셨다. 사실 특별히 가르치실 것도 없었다. 누구를 만나든 당신께서 늘 그렇게 하셨으므로 우리도 자연스레 따라 했으니까.

나는 다시 어린 시절을 떠올렸다. 왜 그랬을까, 몽당연필에 침을 묻혀 쓴 글씨를 연필 끝에 달린 지우개로 지우다가 공책을 찢어먹던 기억이 제일 먼저 떠올랐다. 둥근 상에 온 식구가 둘러앉아 밥을 먹던 것이 두번째로 생각났다. 아이들이 일곱, 어쩌다가 꽁치라도 굽는 날이면 어머니는 아예 한 토막씩 배급하셨다. 그런 날에도 어머니 몫은 없었다. 생선은 비린내가 나서 싫다 하셨다. 어쩌다 색다른 반찬이 있는 날이면 어머니는 그 반찬을 아버지 앞에 놓으셨고 아버지는 그 그릇을 막내인 내 앞으로 슬며시 옮겨 놓으셨다. 모든 것이 부족했던 시절이었다.

또 있다. 그 시절 우리 집 밥상에는 수제비가 자주 올라왔다. 전쟁 후 쌀은 귀하고 구호품 밀가루로 만든 수제비를 시도 때도 없이 먹어야 했던 오빠들은 수제비 끓는 냄새만 맡아도 고개를 저었다. 투정을 부리는 오빠들에게 어머니는 말씀하셨다.

"이것도 없어서 못 먹는 사람들이 많단다. 고마운 마음으로 먹어야지."

밥을 굶는 사람들이 많았던 시절, 한 끼 밥을 먹었다는 것은 생존을 넘어 안녕을 의미했을 것이다. 식사했느냐는 질문이 상대방의 안부를 묻는 최고의 인사말이 된 연유이다.

나는 유치원 다니는 늦둥이 딸을 가진 후배에게 전화를 걸었다.

"미류한테 인사말은 어떻게 가르치니? 어른을 보면 진지 드셨는지 여쭈라고 가르치니?"

후배는 깔깔 웃었다.

"노인네처럼 그런 인사를 요즘 누가 가르쳐? 먹을 것이 넘쳐나서 덜 먹으려고 안달하는 세상인데."

당황해하던 공부방 아이들의 얼굴이 떠올랐다. 아이들은 이제 더이상 그런 인사를 하지 않는 것이다. 그나저나, 먹을 것이 넘쳐난다는 요즘, 우리는 과연 안녕하기는 한 걸까? □

## 어머니의 꽃밭

　내가 태어나고 열네 살까지 살았던 곳은 서울 한복판이었는데, 그때만 해도 소나 말이 끄는 달구지가 짐을 싣고 다녔다. 동네에는 초가집도 더러 있었고 겨울이면 썰매장이 되는 언덕길이 있었다. 오빠들이 넷이나 되는 데다 동네에서 외발 썰매를 최고로 잘 타는 막내오빠 덕분에 겨울이면 나는 동네 아이들의 부러움을 샀다. 우리 집 담에는 우물이 붙어 있어서 두레박으로 물을 길었다.

　그리고, 찬바람이 불면 살갗이 트고 누런 코를 흘리는 아이들이 있었다. 영희, 영수, 복남이, 이런 고전적인 이름을 가진 아이들. 복남이는 순둥이였고 영희는 어린 기억에도 당돌했다. 우리 집 맞은편에 살았던 영희는 우리 담에 붙은 우물이 자기네 것이라고 했다.

　영희는 구멍가게집 딸이어서, 입이 자주 궁금했던 나는 영희가 무척 부러웠다. 그 집에는 군것질거리뿐만 아니라 반찬거리도 있었다. 내가 좋아하는 김도 있었다. 반찬 투정을 하면 어머니는 내게 동전을 주시며 영희네서 김 두 장을 사오라셨다. 열 장 한 묶음도 많아 낱장으로 김을 사던 시절, 그것도 부담이었는지 어머니는 드물게만 동전을 내어주셨고 대개는 "엄마가 맛난 것 해줄께" 하시며 단정하게 쪽진 머리를 매만지며 일어나셨다.

우물에 붙은 담 앞쪽은 어머니의 꽃밭이었다. 담을 따라 올라가는 수세미와 울퉁불퉁한 주황색 열매가 열리는 여주, 키 큰 칸나와 노랗거나 빨간 달리아, 닭벼슬처럼 생긴 맨드라미, 봉숭아, 과꽃과 백일홍이 있는 꽃밭은 어렸을 적 내 그림 일기의 단골 주제였다. 키 낮은 채송화는 귀한 겹꽃이어서 어머니의 자랑이었다.

꽃이 없어 눈에 잘 안 띄는 들깨도 아마 꽃밭 한쪽에 있었나 보다. 어머니가 "깻잎찜 나와라 뚝딱" 주문을 외우면 요술같이 깻잎찜이 나왔다. 내 비록 입을 삐죽이 내밀며 못 이기는 척 먹기는 했지만, 김이 오르는 밥에 뜨거운 깻잎을 한 장 올려 호호 불며 먹던 그 맛을 어찌 잊을 수 있으랴.

며칠 전 비 내리는 새벽, 아침 지을 쌀을 씻는데 느닷없이 그 생각이 났다. 우산 쓰고 뒤란에서 들깨 잎을 따왔다. 어머니가 쓰시던 스테인리스 그릇도 꺼냈다. 그런데 양념이 마땅치 않았다. 늘 죽을 쑤는 파 농사는 올해도 처음에 줄기 몇 번 잘라 먹고는 그만 종을 치고 말았다. 파 대용으로 쓰는 부추도 며칠 전에 모두 싹둑 잘라 김치를 담근 터여서 양파를 쫑쫑 썰었다. 푸른색이 아쉬워 고추도 두어 개 송송 썰었다. 지난해 고추장아찌 간장에다 남편이 좋아하는 고춧가루를 듬뿍 넣고 썰어놓은 양념거리도 모두 넣고 깨소금에 참기름도 몇 방울 쳤다.

  큰 냄비에 물을 조금 넣고, 깻잎이 담긴 어머니의 스테인리스 그릇을 배 띄우듯 살며시 띄웠다. 얼마 후 딸그락딸그락 소리가 났다. 딸그락 소리는 그리움에 불을 지폈다. 그리고 잠시 후, 깻잎 익는 오묘한 냄새에 나는 입을 헤 벌리고 바보같이 웃었다. ▫

## 시어머니와 모자란 며느리

 얼마 전 군사 분계선을 걸어서 넘어가는 대통령을 텔레비전에서 보았다. 마침 북녘이 고향인 시아버님의 제사를 앞두고 있어서였는지, 노란 금을 넘어가는 대통령의 뒷모습에 가슴이 찡했다. 순간, 양손에 김치통 보따리를 들고 좁다란 골목길을 터덜터덜 걸어가시던 시어머니의 뒷모습이 떠올랐다.

 암사동의 막다른 골목집에 살던 때이니 20년도 더 전의 일이다. 퇴근해서 집에 가면 보자기에 싸인 김치통이 현관 앞에 놓여 있는 일이 종종 있었다. 어머니께서 놓고 가신 거였다. 그날은 퇴근이 조금 일렀던 모양이다. 100미터 남짓 되는 골목길을 걸어가는데 저 앞에 어머니가 보였다. 양손에 크고 긴 보따리를 들고 계셨다. 김치통이 분명했다. 자그마한 몸집에 보자기에 싼 김치통을 양손에 드신 모습이 얼핏 물지게를 지신 것같이 보였다. 행여 물 한 방울이라도 흘릴까, 어머니의 작은 어깨가 단단하게 경직되어 있었다. 땅에 닿을 것같이 길게 늘어진 보따리에 치여 어머니는 더 자그마하게 보였다. 나는 얼른 달려가 보따리를 받아 들었다. 그러나 죄송하고 고마운 마음과는 달리 나는 어머니께 "잘 먹지도 않는데 이런 걸 뭐하러 무겁게 들고 다니세요" 하고 말았다. 얼마나 서운하셨을까. 못나고 퉁명스러웠던 내 말투가 생각나면 지금도 가슴을 치게 된다.

아버님의 제삿날, 하루 종일 음식을 만들면서 나는 한 번도 뵌 적 없는 아버님 대신 어머니를 추억했다. 결혼하고 처음 맞는 아버님의 제삿날이었다. 부엌으로 들어가려는 나를 어머니께서 부르셨다.

"애야, 너는 여기 앉아 미나리나 다듬어라."

부엌일이 서툰 둘째 며느리를 배려해서 주신 일감이었다. 그런데 조금 과장하면 미나리는 작은 동산만 했다. 그런 고역이 없었다. 다리도 저리고 허리도 아프고 거머리가 나올까 걱정도 되었다. 이렇게 많은 미나리를 대체 누가 다 먹는단 말인가, 손이 크신 어머니를 슬그머니 원망도 했다. 그때는 그 일이 왜 그렇게 지겨웠을까? 이제 미나리 다듬는 것은 일도 아닌데.

생각하면 참 모자란 며느리였다. 아직 신혼이던 때의 추석날이었다. 어머니께서 탕수육을 만들어보자고 하셨다. 돼지고기는 당신이 튀길 테니 내게는 소스를 만들라고 하셨다. 나는 몹시 당황했다. 중국집에서 맛나게 먹기는 했지만, 직접 만드는 것은 생각조차 안 해봤던 것이다. 못난 마음에, 어머니께 할 줄 모른다는 말씀을 드리지 못했다. 얼른 친정 언니한테 전화를 걸어 소스 만드는 법을 물었다. 그런데 이를 어쩌랴! 녹말가루를 얼마나 넣어야 하는지 도대체 가늠이 안 되는 거였다. 눈치가 둔해 녹말가루를 얼마나 많이 넣었는지 물을 붓고 또 부어야 했다. 소스는 부엌에서 제일 커다란 그릇으로도 모자라게 되었다. 그 큰 그릇을 들고 숨길 곳을 찾아 부엌에서 종종걸음을 쳤던 것을 생각하면 지금도 얼굴이 벌게진다.

그렇게도 부족한 며느리를 어머니는 얼마나 챙기셨는지. 식구들이 모이는 날이면 어머니는 둘째가 좋아한다며 잡채를 빠뜨리지 않고 만드셨다. 그리고는 다들 둘러앉은 상에서도 잡채 접시를 내 앞으로 밀어 놓아주셨다.

어머니 생각 때문이었는지, 무엇이라도 어머니를 떠올리는 음식을 만들어보고 싶어졌다. 미나리도 없고 돼지고기도 없어 나는 잡채를 만들기로 했다. 불쑥 일어난 생각이기에 재료가 마땅치 않았다. 어머니의 잡채에는 내가 좋아하는 표고와 석이가 듬뿍 들어 있었는데 갑자기 만든 내 잡채에는 표고도 석이도 없었다.

그날 밤, 아버님 제사 모신 후 식구들이 둘러앉은 상 한가운데 나는 못난 잡채를 놓았다. "언제 잡채도 했네"라며 남편이 반겼다. 한 젓가락을 드신 시아주버님이 "맛있는데요" 하시자 "그러게요" 하고 서방님도 거드셨다. 추억이라는 양념 덕분에 빈약한 내 잡채는 최상의 음식이 되었다. □

2007. 10

## 정월 대보름에 새로운 시작을 준비하다

　어렸을 적에는 설날이 제일 기다려지는 명절이었다. 가래떡에 만두, 색동저고리도 좋지만 무엇보다 세뱃돈이 있었으니까. 농사를 지으면서부터는 정월 대보름이 가장 의미 있게 느껴진다. 까만 밤을 환히 비추는 보름달은 아름답고도 경건하다. 달빛 아래 드러난 밭을 보고 있노라면 '어머니 대지'라는 말과 뜻이 그대로 마음에 전해진다. 오곡밥에 들어가는 가지가지 곡식을 내 손으로 짓는 것은 대견함을 넘어 감동이다. 예전에는 시장에서나 보았던 묵나물을 봄부터 하나하나 마련하는 것도 즐겁다.

　그렇지만 이번 대보름에는 묵나물을 한 가지도 만들지 못했다. 두 가마 반이 넘는 콩으로 메주를 쑤느라 오른손 팔목의 인대가 늘어나 팔에 부목을 대야 했던 것이다. 아쉬운 마음에 우리 상에 올리지 못한 묵나물을 도시의 친구들에게 보냈다. 지난봄 뒷산에서 따서 말린 취나물과 다래 순, 앞밭에서 난 호박과 가지, 고춧잎 말린 것을 조금씩 담아 보냈다. 며칠 전 저녁 나절 친구의 전화를 받았다. 상자에 바리바리 담긴 나물을 보고는 가슴이 뭉클했단다. 내 마음도 뿌듯했다.

　대보름 전날, 읍내 나가는 남편에게 잊지 말고 부럼을 사오라고 부탁했다. 남편은 빈손으로 돌아왔다. 장날이 아니어서였는지 읍내에는 부럼을 파는 집이 하나도 없었단다. 그래도 그렇지. 묵나물도 부럼 한 가지도 구경 못하고 지나가는 것이 나는 몹시 서운했다.

　그렇지만 올 대보름은 여느 때보다 의미가 있었다. 새로운 시작을 준비하는 날이었다. 대보름날 아침 일찍이 나는 지난해 우리 손으로 정성껏 기른 팥, 쥐눈이콩, 수수, 기장 그리고 쌀로 오곡밥을 지었다. 반찬이라야 김치에 삭힌 고추, 된장찌개가 전부였지만 감사한 마음으로 먹고 서둘러 면사무소로 향했다.

　면사무소 교육장은 사과 교육을 받으러 온 사람들로 붐볐다. 젊은 선생님들의 설명을 하나라도 놓칠세라 귀를 기울이는 어르신들의 진지한 표정에 나도 저절로 긴장이 되었다. 이론 교육에 이어 면 소재지에 있는 과수원에서 전정 교육이 진행되었다. 올해로 꼭 10년이 되었다는 사과나무는 굵고 튼실했다. 강사님의 동작 하나하나를 주의해서 보고 있는 남편의 표정이 엄숙했다.

　늦은 점심을 먹고 서둘러 돌아오니 마을에서는 윷놀이가 한창이었다. 즉석에서 나무를 깎아 만든 윷이 정겨웠다. 신명 많은 어르신들이 계셔 윷놀이 판에는 웃음이 끊이지 않았다. 나도 못 놓는 윷을 놓았다. 윷도 있고 모도 있건만 어찌 그리 번번이 도와 개만 나오는지. 그래도 길고 짧은 건 대봐야 안다고, 내가 이겼다. 보름날 놀이에서는 남정네가 져주는 것이 도리이다. 아낙네가 이겨야 풍년이 든다지 않는가. 남편도 졌다니, 우리 집 풍년은 따 논 당상이다. 마을로 봐서도 여자들이 거지반 이겼으니, 올 가을 우리 마을에는 풍년가가 드높이 울려 퍼지리라.

　이윽고 동산 위로 두둥실 달이 올라왔다. 우리는 달님을 향해 합장한 채 모두의 건강과 풍년을 빌었다. 곧 이어 달집 태우기가 시작되었다. 달집은 마지막 한 점 지푸라기까지 남김없이 타며 빨간 불길이 되어 하늘 높이 올랐다. 활활 타오르던 불처럼 올 한 해 부디 풍요로운 날들이 이어지기를. ▫

# 삼천리강산에 우리나라 술

　며칠 전에 개울 건너 밭에 비닐을 씌웠다. 밭이 커서 비닐 씌울 일이 걱정이었는데 때맞추어 이웃 마을에서 젊은 친구들이 몰려왔다. 밭에 올라간 지 한 시간이나 지났을까, 막걸리 내오라는 남편의 외침이 개울을 건너서 들려왔다. 문전옥답이 이래서 좋다.

　봄에 만들어 얼려놓은 쑥개떡과 남회룡 이장댁에서 주신 감자떡을 부랴부랴 쪘다. 물과 막걸리도 챙겨야 하니 광주리에 담아 이기로 했다. 수건으로 똬리도 틀었다. 광주리를 머리에 이고 밭으로 올라가는 길, 발걸음이 가벼웠다. 내게는 시골 하면 떠오르는 그림이 있다. 머리에 흰 수건을 두르고 한 손은 머리에 인 대나무 광주리를 잡고 한 손에는 막걸리 주전자를 들고 구부러진 밭둑을 걸어가는 아낙. 비록 플라스틱 광주리를 이긴 했지만 이제 내가 바로 그 그림 속의 아낙이 된 것이다.

　선한 열기와 노동으로 얼굴이 벌게진 젊은이들이 막걸리를 보자 환호성을 올렸다. 그리고는 곧장 세상에서 제일 편한 자세로 흙 바닥에 앉아 막걸리를 들이켰다. 막걸리 한 잔에 그이들은 시인의 시구처럼 "모두들 한결같이 친구 같은 얼굴들"(신경림의 「파장」에서)이 되었다. 기분 좋게 몸이 풀린 데다 바람 건듯건듯 불겠다 새까지 지저귀니, 종일 먹을 막걸리가 오전 새참 자리에서 그만 동이 나고 말았다. 막걸리 사오라고 운전 잘하는 젊은 처자를 보내놓고 점심 준비를 하는데 자꾸 웃음이 났다. 앙성에서 살던 시절에 일어났던 막걸리 사건이 생각나서였다.

오랜만에 서울에 다녀오던 날이었다. 앙성 읍내에서 버스를 내려 지갑을 보니 6천 원이 있었다. 마침 남편도 집을 비웠기에 집에 가려면 버스나 택시를 타야 했다. 하루에 다섯 번 있는 버스를 타려면 두 시간도 더 기다려야 했다. 아무래도 택시를 타야겠다, 하고 승강장에 가려고 길을 건넜는데 구멍가게 앞에 내놓은 막걸리가 딱 눈에 들어오는 거였다. 당시 읍내에서 우리 집까지 택시 요금이 꼭 6천 원이었다. 1초는 되었을까, 아주 짧은 망설임 끝에 나는 막걸리를 집어들고 다시 길을 건넜다.

읍내에서 우리 집이 있는 아랫밤골까지는 5킬로미터. 나는 중학교를 지나 구불거리는 길을 걸어 고개를 넘었다. 타조 농장을 지나고 저수지를 지나니 저 아래 느티나무가 보였다. 집에 도착하기가 무섭게 막걸리 병을 거꾸로 들고 힘치게 흔들어서는 콸콸콸 소리도 요란하게 대접이 넘치도록 따랐다. 신 김치 몇 조각을 안주 삼아 벌컥벌컥 들이켰던 막걸리는 환상적이었

ⓒ 김학리

다. 그날 저녁 늦게 들어온 남편에게 막걸리 이야기를 하니 껄껄 웃으며 말했다.

"부창부수네."

젊은 시절, 실연의 아픔을 잊기 위해 설악산 권금성 위에서 오랫동안 야영을 했던 남편에게도 비슷한 일이 있었단다. 어쩌다가 설악동에 나오는 날이면 케이블카 앞에서 아주 잠깐 갈등을 했단다. 케이블카를 탈까? 아니면 그 돈으로 소주를 사고 걸어서 올라갈까? 물론 번번이 소주를 들고 걸어 올라갔다는데 그 소주 맛이 어땠을까. 생각만 해도 캬~ 소리가 난다. 그렇지만 이제 그와 비슷한 추억은 아무래도 다시 만들기 어려울 것 같다. 여기 산골에서는 제일 가까운 읍내라도 30킬로미터가 넘으니 말이다.

비닐 씌우던 날의 젊은 처자도 비록 트럭으로 넘긴 했지만, 고개를 넘었단다. 그이는 나보다 재주가 훨씬 좋아서 영양 막걸리 두 가지에다 서울 막걸리까지 구해왔다. 그날 젊은이들이 떠난 자리에는 가지가지 막걸리 병이 즐비하게 누워 있었다. 마을마다 색다른 막걸리가 있다는 것은 얼마나 즐거운 일인가.

대학 신입생 시절 학교 앞 간이주점에서 선배들이 따라준 뽀얀 술을 홀짝홀짝 마셨던 순간부터 막걸리는 내가 제일 좋아하는 것 중의 하나가 되었다. 게다가 농부가 되었으니 이제 막걸리는 나와는 떼려야 뗄 수 없는 관계가 되었다. 지금 생각해도 웃음이 나지만, 12년 전에 남편이 시골로 가자 했을 때 제일 먼저 떠오른 것이 논둑에 앉아 막걸리를 사발째 주욱 들이켜고 흙 묻은 손으로 입가를 쓰윽 닦는 광경이었다. 그때 바람이라도 한 줄기 지나간다면 얼마나 좋을까. 들일 나갈 때면 호미보다 막걸리를 먼저 챙기니, 나는 꿈꾸던 삶을 살고 있는 것일까. □

## 군고구마와 노랑 병아리 아플리케

 이웃 마을로 귀농한 젊은 부부에게서 고구마 한 상자를 받았다. 지난해는 고구마 농사를 걸렀기에, 여간 반가운 것이 아니었다. 겨울철 최고의 주전부리는 역시 군고구마가 아니겠는가. 손가락보다 조금 굵은 것을 하나 꺼내 물에 씻어 껍질째 입에 넣었다. 적당히 물기가 있는 것이 달착지근한 데다 사각거리는 식감도 좋았다. 아작아작 씹는 소리가 유난스러웠는지, 남편이 힐끗 쳐다보더니 말했다.

 "아, 생맥주 마시고 싶다. 종로 5가 뒷골목, 생고구마 무한 리필해주는 데서."

 남편은 고구마보다 생맥주 생각이 간절했던 모양이다. 나는 생전 처음으로 고구마를 심던 날을 떠올리고 있었는데.

 시골에서 맞은 둘째 해, 우리는 이웃 마을의 밭을 빌려 고구마를 심기로 했다. 고구마 모종을 심던 날은 마침 내 생일이었다. 아침 일찍 남편과 집을 나섰다. 가는 길에 남편은 읍내 신발가게 앞에서 차를 세우고는 내게 장화를 하나 고르라 했다. 장화는 색깔도 모양도 한 가지뿐이어서 고를 것도 없이 그저 발에 만 맞으면 끝이었다. 그래도 생일 선물이라 생각하니 기분이 좋았다. 그날 나는 검정 고무장화를 신고 해가 질 때까지 비탈 밭에 엎드려 고구마 순을 심었다. 잠시 쉬는 사이 비탈 밭에 누웠다가 내가 내는 코 고는 소리에 놀라 벌떡 일어났던 기억이 지금도 생생하다.

쓰리고도 따스한 기억도 있다. 초등학교 2~3학년 때쯤? 연탄불도 쓰긴 했지만 더러 아궁이에 불을 지펴 밥을 짓던 시절이었다. 설 무렵 어머니께서 설빔이라며 빨간색 바지를 사오셨다. 보들보들한 합성섬유로 만든 쫄쫄이 바지로 가운데는 핀턱까지 있었다. 어머니가 털실로 떠주신 바지만 입었던 당시로는 최신식 멋쟁이 바지였다. 잘 맞나 보자며 어머니는 내게 새 바지를 입히셨다. 바지는 물론 맞을 리가 없었다. 한 번 사면 적어도 4~5년은 입어야 했으니, 길이도 길고 품도 너글너글했다. 아랫단을 다리 길이에 맞추어 접어 넣으며 어머니는 아주 잘 맞는다고 하셨다. 그리고는 설날 아침에 입자며 장롱 속에 바지를 넣으셨다.

다음날, 빨강 바지가 눈에 삼삼해진 나는 어머니 몰래 장롱에서 새 바지를 꺼냈다. 부지런한 어머니는 어느새 난을 꿰매놓으셨다. 그날 저녁 간식거리는 마침 아궁이 불에 익힌 군고구마였다. 군고구마를 꺼내는데 그만 바지가 아궁이에 스쳤다. 단지

스쳤을 뿐인데 왼쪽 바지 종아리 부분이 그만 눌어붙고 말았다. 한 손에 군고구마를 든 채 나는 울음을 터뜨렸다.

 내 울음소리에 놀란 어머니가 방에서 뛰어나오셨다. 어머니를 보자 나는 더 크게 울었다. 어머니는 아무 말 없이 내 손을 잡고 방으로 데려가셨다. 바느질 꾸러미에서 노랑 천을 꺼내 어머니는 병아리 모양으로 오리셨다. 눌은 자국에 노랑 병아리를 대고 어머니는 아플리케 수를 놓으셨다. 성한 쪽에도 똑같이 하셨다. 그저도 흑흑 느껴 우는 내게 어머니는 군고구마를 까서 입에 넣어주셨다. 식은 군고구마는 달착지근하고 촉촉했다. □

## 바라보기

　시골에 내려온 지 올해로 어느새 10년이 되어간다. 아는 사람 하나 없고 이름도 낯선 이곳 앙성에 선뜻 자리를 잡게 된 데에는 집 앞에 서있는 느티나무가 한몫을 했던 것 같다. 처음 이곳을 보러 왔던 날, 하늘을 향해 수천, 수만의 가지를 뻗고 있는 느티나무에게서 눈을 떼지 못했으니까.

　그 나무 밑에서 청둥오리 새끼들을 처음 본 것은 시골에서 맞은 세번째 초여름이었다. 멍멍이들이 요란하게 짖는 소리에 밖으로 나갔던 남편이 얼른 나와보라고 소리를 쳤다. 점심을 준비하던 중이었는데 뛰다시피 나가보니 느티나무 아래 공터에서 작은 새들이 종종걸음을 치고 있었다. 청둥오리 새끼들이었다. 잠시 후 나타난 어미 오리는 뒤뚱뒤뚱 다리를 심하게 절고 있었다. 남편은 어미 오리가 다리를 크게 다친 것 같다고 했다. 우리를 보았는지, 어미 오리는 어디론가 재빠르게 사라졌다.

　다친 어미 오리 대신 새끼들을 돌봐야 한다며 남편은 녀석들을 붙잡아 집 안에 들여놓았다. 남편은 막대기와 닭장 망으로 작은 둥우리를 만들었다. 둥우리 안에 물도 넣어주고 병아리 모이도 넣어주었지만, 녀석들은 물도 모이도 먹지 않았다. 굶어 죽으면 어떡하나 걱정이 되어 동물병원에 문의하니 개구리를 산 채로 믹서에 갈아서 먹이라 했다. 녀석들을 살리는 것도 중요했지만 살아 있는 개구리를 갈아 먹일 수는 없었다. 마침 생선 남은 것이 있어 다져서 주었건만, 녀석들은 입도 대지 않았다.

다음날은 비가 내렸다. 둥우리 위로 커다란 우산을 씌어준다, 비닐을 덮어준다. 우리는 다시 한바탕 수선을 떨었다. 녀석들은 그러나 사흘을 넘기지 못하고 모두 죽고 말았다. 땅에 널브러진 녀석들 앞에서 나는 오래도록 지장보살을 불렀다. 나중에 마을 어른들께 들으니 어미 오리는 다리를 다친 것이 아니었다. 새끼들과 보조를 맞추느라 그렇게 유난히 뒤뚱거린 거였다. 우리의 무식함이 녀석들의 목숨을 끊어놓았다고 생각하면 지금도 가슴이 서늘해진다. 앙증맞은 발로 암벽 등반하듯 망을 타고 오르던 새끼들의 모습이 아직도 눈에 선하다. 눈앞에서 새끼들을 잃어버린 어미의 마음은 어땠을까.

그 이듬해, 6월로 들어서면서 우리는 아예 마음먹고 청둥오리 새끼들을 기다렸다. 멍멍이들이 짖는 소리가 날 때마다 느티나무 아래부터 살폈다. 그렇다고 그렇게 딱 마주칠 줄이야! 이번에는 어미가 앞장을 섰다. 선생님 뒤를 졸졸 따라가는 유치원 아이들같이, 새끼들이 어미 뒤를 따라 종종걸음을 쳤다. 새끼들은 우리 대문 앞을 가로질러 유미네 밭둑에 이르렀다. 떼를 지어 밭둑을 내려간 녀석들은 밭 옆을 흐르는 도랑으로 무사히 진입했다. 녀석들이 어미 뒤를 졸졸 따라 물 위를 두둥실 떠가는 것을 보고 나서야 우리는 휴~ 하고 가슴을 쓸어내렸다. 그리고 나서 우리는 서로 얼굴을 쳐다보며 고개를 갸우뚱거렸다.

"가만! 저 녀석들이 지금 헤엄친 거, 맞지?!"

수수께끼의 연속이었다.

셋째 해, 우리는 더욱 놀라운 광경을 목격했다. 그날도 멍멍이들이 컹컹대는 소리에 거실 창가에 붙어 서서 밖을 살피던 남편이 "어~ 어~" 소리를 연발했다. 무슨 일이냐는 내 물음에 남편은 말없이 느티나무 위쪽을 가리켰다. 느티나무 저 높은 가지에서 청둥오리 새끼들이 나풀나풀 떨어지고 있었다. 마치 바람결에 날리는 꽃잎 같았다. 제 키의 몇 백 배도 넘는 높이에서 떨어지는 녀석들의 몸짓이 내 머릿속에서 느린 화면으로 돌아가고 있었다. 어미가 먼저 낙하 시범을 보인 것인지, 느티나무 아래 어미 오리가 보였다. 목을 빼고 느티나무를 올려다보는 어미의 모습이 안타까워 나는 잠깐 눈을 감았다.

다행히 새끼들은 땅 위에 무사히 안착했다. 새끼들이 다 내려온 것을 확인했는지, 어미가 곧 행진에 들어갔다. 어미 뒤로 새끼들이 따라갔다. 나무 위에서 걸음마 연습이라도 한 것일까,

새끼들은 익숙하게 종종걸음을 쳤다. 새끼들의 여정은 지난해와 똑같았다. 우리 집 앞을 가로질러 유미네 밭둑을 내려가 밭 옆을 흐르는 도랑에 다다르자 새끼들은 도랑물에 살포시 올라 두둥실 헤엄쳤다.

그 해는 느티나무에 둥지를 튼 청둥오리가 여러 쌍이었는지 새끼들의 낙하가 그 다음날에도 계속되었다. 낙엽이 떨어지듯 나무에서 떨어져 내린 새끼들 중에는 잦혀진 몸을 뒤집느라 애를 쓰는 녀석도 있었다. 어미가 보이지 않아 나는 은근히 애가 탔다. 창가에 붙어 선 남편이 말했다.

"오늘은 어미가 나무 위에 있네!"

과연 나무 위에서 어미가 새끼들을 떨어뜨리고 있었다. 차례차례 새끼를 모두 떨어뜨린 어미가 땅으로 내려왔다. 어미가 앞장서자 새끼들은 쏙쏙쏙쏙 노래를 부르며 어미 뒤를 따라 유미네 앞밭 도랑으로 향했다. 사고가 난 것은 그때였다. 새끼들 몇 마리가 길을 잃고 우리 집 담장 쪽으로 다가온 거였다. 나는 어쩔 줄 모르고 소리쳤다.

"어떡해? 개투가 물 텐데."

남편이 가만히 말했다.

"어미가 올 거야."

과연 어미가 나타났다. 어미는 우리 집 원두막 위로 날아올라 개투 집 위로 늘어진 느티나무 가지 위에 앉았다. 흥분한 개투가 짖어대는 동안 어미 오리가 새끼들을 몰고 길을 건너 밭둑으로 내려갔다. 그러나 우왕좌왕하는 사이에 어미를 놓친 두 마리는 끝내 개투에게 물리고 말았다. 그날 어미 오리는 우리 집 주위를 수도 없이 날아다녔다. 쏙쏙쏙쏙, 보이지 않는 새끼를 찾는 어미 오리의 울음소리가 어둠이 내리도록 그치지 않았다.

며칠 후, 카메라를 정리하다가 두 녀석의 마지막 모습이 담긴 사진을 보았다. 사력을 다해 달려간 듯 작은 몸뚱이가 크게 흔들리고 있었다. 흔들리는 그 작은 녀석들이 우리 모두 생애 최초의 순간부터 죽음과 대면한다는 진실을 엄중하게 일러주는 듯했다.

그 다음해도 청둥오리 새끼들의 낙하는 계속되었다. 이번에는 떨어지는 모습을 놓치지 않고 살펴보니, 이 녀석들이 자전自轉하면서 떨어지는 거였다. 녀석들이 한 번 돌 때마다 내 몸도 핑그르르 도는 것 같았다. 암벽 등반 중에 떨어질 때면 그 짧은 순간에 지난 삶이 전부 보인다 하셨던 선배님의 말씀이 생각났다. 그렇다면 녀석들은 짧은 시간에 여러 생을 사는 거였다. 후에 청둥오리 이야기를 들은 한 지인은 "인간의 입장에서 보면 '떨어진다'고 여겨지는 그 낙하가 생명으로서 첫 자각을 하게 되는 자연의 한 과정"이 아니겠냐고 했다. 나는 자연의 신비를 조금이나마 엿본 것 같았다. □

## 새해 첫날, 앞산에서 일출을 뒷산에서 일몰을 보다

올해도 새해 첫 아침을 일자봉에서 맞았다. 어느새 세번째다. 산골에 들어와서 처음 맞이했던 새해 첫날, 우리는 집 가까이에서 그것도 경상북도에서 제일 높다는 일월산 꼭대기에서 해맞이를 할 수 있다는 사실에 환호했다. 동해에서 솟아오르는 해를 제일 먼저 볼 수 있다고 해서 산 이름도 일월산에 봉우리 이름은 일자봉이다. 첩첩이 겹친 산 능선 너머 먼 바다에서 서서히 떠오르는 해를 보고 있노라면 그 장엄함에 저절로 두 손을 모으고 주어진 시간에 감사하며 매 순간 최선을 다할 것을 다짐하게 된다.

올해 해맞이는 도시에서 내려온 조카와 후배 가족들과 함께 지켜보았기에 더욱 감동적이었다. 서울에 살던 시절, 우리는 한 해의 마지막 날이면 배낭을 메고 집을 나서 칼바람 부는 산에서 새해의 첫날을 맞곤 했다. 그때 같이 산에 올랐던 친구들이 가정을 이루어 아이들의 손을 잡고 새해 첫 해오름을 함께 지켜본 것이다. 하늘을 붉게 물들이는 해를 바라보며 나는 그이들과 함께 올랐던 산들을 떠올렸다. 걸어도 걸어도 끝없이 이어진 봉우리와 도저히 길이 없을 것 같은 바위를 우리는 함께 올랐다. 우리의 삶 또한 그러하리라.

산꼭대기에 마련된 천막 식당에서 먹는 떡국은 각별했다. 코가 떨어져 나갈 듯한 추위 속에서 김이 무럭무럭 나는 떡국을 호호 불며 먹는 맛이라니. 꽁꽁 얼어 서걱거리는 김치도 꿀맛이었다. 달걀지단에 김 고명까지 준비한 주최측의 정성에 조카 내외는 박수를 쳤다.

그렇게 시작된 호사가 종일 이어졌다. 후배들은 바리바리 챙겨온 재료로 앞을 다투어 특식을 만들었다. 점심상에는 굴밥이 올라왔다. 바닷가가 고향이라 온갖 해물에 정통한 후배가 얼마 전에 새로이 개발한 것이라 했다. 밥 짓는 내내 후배는 조리대 앞을 떠나지 않고 시간과 냄새를 체크했다. 콩나물 굴밥은 대성공이었다. 생굴은 싫다던 아이들까지 한 그릇을 뚝딱 비웠고 굴 냄새와 간이 살짝 밴 누룽지까지 동이 났다.

부엌을 점령한 젊은 아낙들은 내게 손끝도 까딱하면 안 된다고 엄포를 놓았다. 할 일도 없고 끼니마다 포식하여 속도 더부룩하여 나는 후배와 조카사위와 함께 집 뒤에 있는 징군봉에 오르기로 했다. 정상 가까이까지 넓은 임도가 나있어 아기자기한 맛은 없지만 무릎이 부실한 내게는 안성맞춤이었다. 아침저녁으로 올려다보는 봉우리들을 눈높이로 보며 걷는 것이 즐거웠다. 얼마 전에 담배를 끊고 산행을 시작한 조카사위도 하루에 산을 둘이나 오른다며 출세했다고 좋아했다.

아침에 일월산에서도 그렇더니 눈 없는 겨울산이 조금 낯설었다. 임도가 끝나고 오름길이 시작되는 곳부터는 낙엽이 무릎까지 빠졌다. 기분 좋게 숨이 가쁠 즈음 정상에 섰다. 맞은편으로 아침에 해맞이를 했던 일자봉이 보였다. 일부러 시간을 맞추기라고 한 듯 해가 서산으로 넘어가고 있었다. 일자봉에서 떠오르는 해를 맞고 장군봉에서 지는 해를 보낸 것이다.

산골짜기 집 하나, 불 밝힌 마당에서는 가마솥 감자탕이 끓고 있었다. 기다렸다는 듯이 아이들이 앞다투어 장작불에 익힌 감자며 고구마를 가져왔다. 첫날이 이렇듯 푸짐하니 올해 농사는 틀림없이 대풍이리라. ▫

## 어머니의 어록

글쓰기가 취미도 특기도 아닌 내게 원고를 부탁하는 이들이 종종 있다. 10년 가까이 인터넷 홈페이지에 시골과 농사 이야기를 올리고 있어 그런 것 같다. 원고 청탁의 대부분이 귀농, 또는 시골생활에 대한 것이다. 그런데 언제부터인가 음식 이야기를 써달라는 주문을 가끔 받게 되었다. 「농어민신문」으로부터 음식을 주제로 글을 써달라는 요청을 처음 받은 것이 2005년 말이었다. 그날 나는 기자에게 여러 번 되물었다.

"네? 음식 이야기요? 귀농이 아니구요?"

마침 푸모리 등반을 위해 히말라야로 떠나려는 즈음이기도 했지만, 내가 음식 이야기를 쓰다니 생각만 해도 고개가 절래절래 저어졌다. 그후 일년 만에 음식 칼럼 이야기가 다시 나왔다. 나는 물론 손사래를 쳤는데 기자 양반의 의지가 생각보다 굳었다. 예전에 내가 음식 안 하고 또 못하기로 유명한 사람이었다고 하자 그이가 말했다.

"농사지으면서 완전히 달라지셨잖아요. 그 이야기를 써주세요."

음식 솜씨는 별로 나아진 것이 없지만 지금은 어쨌든 하루 세 번 꼬박꼬박 밥을 짓고 농사까지 지으니 최소한의 자격은 갖춘 셈인가.

'앙성댁의 건강밥상'이라는 부제가 붙은 칼럼의 첫번째 원고를 쓰던 날, 나는 여러 번 울고 웃었다. 친정어머니 생각에서였다. 조카 말대로 어머니는 '대단한 여인'이었다. 그 어려운 세월을 지혜롭게 헤쳐 나가신 어머니는 기개는 물론 재치가 넘치셨다. 특히 어머니가 쓰시던 옛말은 참으로 절묘했다. 내가 음식 이야기를 쓴다는 걸 아셨다면 어머니는 뭐라고 하셨을까?

"아이고, 지나가는 개가 다 웃겠다!"

글을 쓰고 있는 나 자신도 이렇게 자꾸 웃음이 나오는 걸 보면, 어머니는 꼭 그렇게 말씀하셨을 것 같다. 그리고는 내 등을 다독이며 덧붙이셨을 것이다.

"잘해보아라. 옛말에, 되는 집에는 가지 나무에도 수박이 열린다잖니."

마치 어머니가 앞에 계신 양 고개를 끄덕이며 혼잣말을 했다.

"서당개 3년이면 풍월을 읊는다고, 비록 부엌에 드나들진 않았지만 어머니랑 함께 산 세월이 30년이 넘으니, 잘할 수 있을 거예요."

속으로 말은 그렇게 했지만 생각하면 부끄러웠다. 어머니가 곁에 계셨을 적에는 공부합네 직장 다닙네 하면서 마흔이 넘도록 김치 한 번을 제대로 담근 적이 없었다. 그래도 어머니가 철 따라 하셨던 음식이며 맛을 지금까지 기억하여 흉내라도 내는 걸 보면 "맹자 집 개가 맹자 왈 한다"는 옛말이 그르지 않은 것 같다. 시골에 내려온 지 올해로 10년, 이제 하루 세끼 밥 짓는 것은 식은 죽 먹기에 김장 때면 배추 150포기는 기본이니 "산 까마귀 염불하는 격"인가.

그리고, 내게는 비장의 무기가 있다. 내 손으로 직접 심고 기른 유기농 곡식들과 채소들이 바로 그것이다. 음식의 제1요소는 뭐니뭐니해도 재료라 하지 않는가. 요즘같이 푸성귀를 많이 먹는 철에는 더욱 그러하다. 상추, 쑥갓, 겨자채, 치커리, 브로콜리, 고추……. 물에 한 번 슬쩍 씻어 그대로 상에 올리면 끝나니 이런 것들이라면 나는 자신 있다. 이것들의 또 다른 미덕은 매끼 먹어도 물리지 않는다는 것이다.

며칠 전, 선배 한 분이 오랜만에 내려오셨다. 마침 저녁 무렵이어서 서둘러 밥을 짓고 된장찌개를 끓였다. 그리고 앞밭에서 푸성귀를 뜯어 한 접시 가득 올렸다. 기분 좋게 저녁을 드시던 선배님이 문득 나를 건너다 보셨다.

"앙성댁 음식이 괜찮은 건 솔직히 말해서 솜씨 때문은 아닌 것 같아. 재료가 좋은 거지."

정곡을 예리하게 찔린 나는 곧바로 반격에 나섰다.

"그게 바로 솜씨지요. 이 상에 오른 것 전부 다, 상추에서부터 된장 고추장에 쌀까지 제가 정성을 다해 심고 기른 것들이니까요."

　말도 안 되는 억지를 그렇게 부리기는 했지만, 음식의 제일은 역시 재료와 정성이리라. 끼니때마다 많지도 않은 그릇을 바꾸어가며 푸성귀를 소담하게 담으며 나는 또 어머니의 어록을 떠올린다. "보기 좋은 떡이 먹기도 좋으니라."

　신문에 첫번째 글이 실린 주말에 조카네가 다녀갔다. 남편이 좋아하는 김밥을 열심히 마는 조카 옆에서 이것저것 심부름을 하며 내가 신문에 음식 이야기를 쓴다 하니 조카가 고개를 갸우뚱거렸다.

　"이모가 음식 이야기를 쓴다고? 그건 좀 아니지. 김밥도 못 말면서."

　40년 가까이 나를 보았으니 조카가 떨떠름하게 생각하는 것도 이해가 되었지만, 그래도 변명은 해야 할 것 같았다.

　"음식 이야기이긴 하지만, 내 글은 조금 다를 거야. 조리법이 어떻고 영양이 어떻고 그런 거는 내가 잘 모르니까 쓸 수도 없고. 음식에 얽힌 사람 이야기랄까, 뭐 그런 걸 쓰는 거야."

　조카는 그래도 난감하다는 표정을 풀지 않았다. 신문에서 내 글을 읽는 독자들도 조카와 비슷한 표정을 짓지 않을까, 나는 걱정이 되었다. 그렇다 해도 조카가 생각하는 '진짜' 음식 이야기를 나는 쓰지 못할 것 같다. □

2007. 8

## 출세했네

농사를 짓고부터는 해마다 적으나마 콩을 심었는데, 내 손으로 메주를 쑨 기억은 꼭 두 번이다. 그런 내가 올 겨울에는 자그마치 두 가마 반이 넘는 콩으로 메주를 쑤었다. 처음부터 계획했던 일은 아니었다. 서리태와 메주콩을 비슷하게 심었는데 서리태가 그만 죽을 쑤었던 것이다. 쥐눈이콩과 수수, 기장 등 적게 심은 곡식들이 잘 자라준 것이 천만다행이었다. 가까스로 구색을 맞추어 곡식세트를 만들어 팔고 나니 메주콩만 덜렁 남았다. 우리는 그 콩으로 메주를 쑤기로 했다.

아는 것도 없고 경험도 별로 없는 우리가 그 어렵다는 메주를 쑬 생각을 한 것은 순전히 재료에 대한 믿음에서였다. 산골짜기 밭에서 잡초와 새들, 또 벌레와 짐승들과 숨바꼭질하며 지은 콩에다 남회룡에 하나밖에 없다는 우리 논에서 우렁이와 함께 지은 벼에서 나온 볏짚이 있었던 것이다.

그렇게 시작된 메주 쑤기가 보름 가까이 이어졌다. 콩 삶는 가마솥이 두 말 들이였던 것이다. 예닐곱 시간 이상 불을 때야 하니 하루에 두 탕은 어려웠다.

춘양은 물론 봉화 5일장에도 메주틀은 보이지 않았다. 남편은 창고에서 찾아낸 묵직한 널빤지를 자르고 갈고 뚝딱거려 메주틀을 만들었다. 여러 군데에 부탁한 돌절구는 끝내 구하지 못해 삶은 콩을 자루에 넣고 지근지근 밟아 으깼다. 으깬 콩을 틀에 넣어 빚은 메주는 초례청의 신랑처럼 미끈했다.

문제는 띄우기였다. 그것이야말로 경험에서 우러나온 감이 필요한 것이었으니, 어르신들이 집에 들르실 때마다 우리는 오두막에서 띄우고 있는 메주를 보여드렸다. 어르신들 덕담 덕분에 메주는 잘 띄워졌다.

어르신들께서는 또 장은 음력 정월에 담그는 정월장, 그중에서도 말날과 닭날에 담그는 것이 제일 좋다 하셨다. 날짜에 늦지 않게 부랴부랴 도시의 소비자들에게 메주를 보내놓고 우리도 정월의 마지막 말날에 장을 담갔다. 마침 서울에서 큰언니와 조카들 가족이 내려와 북적대니 잔칫날 같았다.

소금물을 만들면서 나는 전문가나 된 듯이 잘난 척을 했다. 소금물 위로 100원짜리 동전만큼 동동 떠오른 달걀을 보고 조카들은 박수를 쳤다. 잘생긴 항아리에 메주를 차곡차곡 담고 소금물을 부었다. 벌겋게 달군 숯이 항아리 안에서 치익 소리를 내자 조카가 내게 말했다.

"메주에다가 장까지 다 담그고, 이모 출세했네!"

내가 생각해도 정말 출세했다. 서울 살던 때는 메주며 장을 담그기는커녕 두 분 어머니께서 주신 장도 제대로 간수하지 못해 몰래 버리기 일쑤였다. 시골에 내려와 생전 처음으로 장을 담그던 날만 해도 소금 됫박부터 말린 고추까지 남의 것을 빌려와야 했다. 소금물에 달걀 띄우던 마을 아주머니 뒤에서 우리는 구경꾼처럼 목을 늘이고 서있었다. 이제 우리가 주인공이 되어 구경꾼들 앞에서 거사를 치르니, 세상에 꿀릴 것이 없다. ▫

## 좌충우돌 김장 담그기

10월이 채 가기도 전에 김장을 담갔으니 올 김장은 퍽이나 빠른 셈이다. 이사 때문이다. 다음 주면 꼭 10년을 살았던 앙성을 떠나 봉화 산골로 들어간다. 앙성에서의 마지막 가을걷이와 산골 오두막 정비에 마음이 바쁜 주인의 사정을 헤아렸는지, 여느 해 같으면 볼품없었을 배추가 야무지게 속이 찼으니 고맙기 그지없었다. 김장 전날, 소금물에 적신 배추에 소금을 얹어 절이는데 피식 웃음이 나왔다. 10년 전 일이 떠올랐던 것이다.

서울 생활을 정리하고 시골에 내려온 것이 1997년 11월, 마침 김장철이었다. 젊은 이웃이 생겼다며 마을 어르신들이 배추와 무를 나누어주셨다. 그렇게 모아진 배추 30여 포기와 스무 개가 넘는 무로 내 생애 첫 김장에 도전했다. 서른 포기 조금 넘는 배추가 산같이 높아 보였다. 직장 일이 바쁘다는 핑계로 김장은커녕 김치도 제대로 담가본 적이 없었던 것이다. 그릇도 변변한 것이 없어 목욕탕 욕조에 배추를 절이기로 했다.

배추 절이기는 끝이 없었다. 욕조에 탄 소금물이 짠 것 같아

물을 부으면 싱거워져서 다시 소금을 넣고, 또 물을 붓고 또 소금을 넣고. 저녁 무렵, 욕조 하나 가득 찰랑대는 소금물 위에 배추들이 보트처럼 둥실둥실 떠다녔다. 소금도 적었는지, 하루가 꼬박 지나도 배추는 절여지지 않았다. 이웃 할머니께 보였더니 굵은 소금을 배추 켜켜이 넣으시며 혀를 끌끌 차셨다. '서울 새댁 살림 솜씨 빵점'이라는 소문이 틀림없이 그날로 마을 전체에 돌았을 것이다.

둘째 해는 우리가 직접 기른 배추 100포기에 기세도 등등하게 도전했다. 대형 그릇도 마련하고 소금도 넉넉하게 준비했다. 서울에서 조카도 내려왔다. "절이는 게 젤로 중요해!" 조카에게 아는 척을 했건만 이번에는 소금을 어찌나 많이 넣었는지 다섯 시간 만에 배추를 건져내야 했다. 소태 같은 배추를 헹구고 또 헹구느라 시작도 전에 힘을 쏙 빼고 말았다. 그래도 김장 때면 친정어머니가 늘 하시던 대로 가래떡도 한 말 빼고 돼지고기도 삶고 막걸리도 받아놓았으니, 그야말로 잿밥에만 마음이 있었던 게다.

세번째 김장. 준비는 완벽했다. 배추 150포기에 소금 두 가마, 가래떡도 빼놓고 돼지고기와 막걸리도 넉넉하게 준비했다. 일꾼 조카는 아예 이틀 진에 내려왔다. 최대 난관인 배추 절이기도 해결되었다. 감곡에서 복숭아 농사를 크게 짓는 금주 어머니가 전날 저녁에 배추를 절여주셨던 것이다. 남편이 그 댁 과수원에서 가끔 농사 실습을 했는데, 우리 김장 소문이 그곳까지 났던 모양이다.

배추도 절여졌겠다, 올 김장은 식은 죽 먹기라고 조카와 나는 손뼉을 쳤다. 문제는 다른 데서 터졌다. 무채 신나게 썰어 고춧가루와 갖은 양념 넣고 속을 썩썩 버무린 남편이 기분 좋다며 마신 술이 과했던 것이다. 김장은 이제 시작인데 속을 넣던 남편이 쏟아지는 잠을 못 이기고 방으로 들어가고 말았다. 그날 조카와 나는 늦도록 배추에 속을 넣었다. 자정이 넘으면서 함박눈이 내렸다. 땅속 깊이 묻은 항아리에 엎드려 김치를 넣고 일어서려면 어지럼증이 일었다. 그래도 눈 내리는 시골은 그림같이 예뻤다.

고무장갑 끼고 벗는 것도 큰일이어서 나중에는 아예 맨손으로 속을 넣었다. 새벽 두 시가 넘자 조카도 거실 바닥에 등을 대고 누워버렸다. 셋이서 하던 일을 혼자 하려니 죽을 맛이었다. 김장은 끝이 보이지 않는데 날이 훤해지기 시작했다. 눈물이 나려고 할 즈음 다솜 할머니가 건너오셨다. 다솜 할머니는 힘 하나 들이지 않고 쓱싹쓱싹 속을 넣으셨다. 내가 밤새도록 넣은 속을 한 시간도 안 걸려 끝내시니, 허탈하기까지 했다.

그렇게 시작된 김장이 올해로 열한번째다. 돌아보면 김장 때마다 우리 집은 잔칫집이 되었다. 마치 미리 약속이나 한 것처럼 좋은 사람들이 찾아왔다. 올해는 콩 수확을 돕기 위해 도시에서 내려온 젊은이들이 자리를 함께해 더욱 북적거렸다. 봄에 콩 심느라 고생했던 호주 처자 테싸도 시간을 내서 내려왔다. 채식주의자인 테싸는 생전 처음 담그는 김치에 흥분을 감추지 못했다. 발게진 얼굴로 테싸는 열심히 김치 속을 넣었다.

김장 이야기만 나오면 으스대지만, 사실 남편과 나는 언제나 조수에 불과했다. 감곡의 금주 어머니에서부터 벌써 4년째 배추를 절여준 충주의 수현 엄마까지 우리 집 김장의 빛나는 주연은 따로 있었다. 그이들 덕분에 긴 겨울을 반찬 걱정 없이 지낼 수 있었다.

그나저나 올해는 배추 값이 올라 김치가 아니라 금치라며 모두들 걱정이 태산이란다. 그런데, 그대, 배추가 넘쳐나서 덤으로 주던 때 배추 값이 똥값이라 걱정했던 적이 한 번이라도 있으신가? □

개
투
이
야
기

　얼마 전 네팔행 비행기에서 영화 「하치 이야기」를 보았다. 대학교수 파커와 그이가 우연히 기차역에서 발견하여 키우게 된 강아지 하치를 그린 영화였다. 파커의 극진한 보살핌 속에 성견이 된 하치는 기차로 출퇴근하는 주인을 날마다 기차역까지 배웅하고 마중한다. 어느 날 파커는 강의 중에 돌연히 쓰러져 세상을 떠나는데, 하치는 돌아오지 않는 주인을 기차역에서 기다리다 그만 쓰러지고 만다.
　늙고 지친 하치가 무너지듯 쓰러지는 모습에 눈물이 주체할 수 없이 흘러내렸다. 할 수만 있다면 엉엉 소리내어 울고 싶었다. 울음을 참으려니 가슴이 미어지는 것 같았다. 개투 때문이었다. 영화 속의 하치가 우리 개투와 꼭 같았다. 두 녀석 모두 아키다 견으로, 생긴 것도 하는 양도 똑같았다. 그 긴 몸을 수직으로 세운 채 내게 와락 달려들어 앞발을 내 가슴에 대고 비슷한 눈높이로 나를 바라보던 녀석이 못 견디게 보고 싶었다.
　개투가 우리에게 온 것은 2000년 초여름이었다. 친구 진영의

지인이 자식 삼아 기르던 녀석이었는데 일년 사이에 너무 커져 그이의 작은 아파트에서 더이상 함께 지낼 수 없게 되었던 거였다. 그이가 두번째로 기르는 개여서 '개투'라고 부른다 했다. 그이와 녀석을 처음 본 순간 나도 모르게 눈이 커다랗게 떠졌다. 개와 사람이 닮았다는 것은 모욕이 아니었다. 그이의 별칭이 여신이라 했는데, 그이의 손에 이끌려 친구의 사무실로 들어선 개두 또한 여신의 이미지였디. 자르르 윤이 나는 황토색 털에 바짝 선 두 귀와 흑요석같이 까맣게 빛나는 코에 털이 길고도 풍성한 꼬리. 잘생긴 것은 물론 당당하고 기품이 있었으며,

게다가 귀엽기까지 했다. 개투를 보내면서 그이는 끝내 눈물을 보였다. 빈자리가 얼마나 휑할까. 그날부터 우리는 그이를 '개투 엄마'로 불렀다.

당시 우리 집에는 장군과 진순이 있었다. 진순은 시골에 오자마자 남편이 구해서 키운 세 살짜리 진돗개였고 장군은 2년차 진돗개 수놈이었다. 개투가 등장하자 마을에서 나름대로 이름을 떨치던 두 녀석들은 곧 촌뜨기로 전락하고 말았다. 시골 학교로 전학 온 도시 여자애같이 개투는 새침하고도 우아했다. 날렵한 몸매에 푸른빛이 도는 검은 눈, 두 손으로 움켜쥐어야 하는 탐스런 꼬리털은 우아함의 극치였다.

개투는 먹는 것도 그러했다. 수박을 주면 진순과 장군은 껍질까지 아작아작 깨물어 먹는 반면, 개투는 살만 우아하게 발라먹고 얇은 껍질을 남겨놓았다. 사탕도 용하게 껍질을 벗겨내고 먹었다. 제일 놀라운 것은 찐 계란을 까먹는 거였다. 아침저녁으로 함께 나서는 산책길에서도 개투는 우리를 놀라게 했다. 오솔길 가장자리에 난 산딸기 앞에 멈추어 서서 꽃받침은 남겨놓고 꼭 열매만 따먹는 것이 아닌가.

개투 엄마는 사랑과 훈련을 통해 녀석과의 완전 소통을 꿈꾸었던 것 같다. 공 물어오기 훈련을 시킬 때였다. 수도 없이 반복되는 훈련이 지겨워진 개투가 하루는 그이가 집을 비운 사이에 공을 어디엔가 숨겨버렸단다. 온 집 안을 샅샅이 뒤져도 안 나오던 공이 며칠 후 베란다 하수구에서 나왔단다. 공을 찾아 헤매는 그이 뒤에서 개구쟁이처럼 웃는 녀석의 얼굴이 사진 찍듯 내 마음에 박혔다. 기이한 일이었다. 개투 엄마는 녀석을 보내면서 당신의 마음 한 조각도 실어 보낸 것 같았다. 녀석 뒤로 그이의 모습이 자주 떠올랐다.

　이른 새벽이면 우리는 녀석들을 데리고 들로 나갔다. 물안개가 피어오르는 들판을 녀석들과 함께 달리는 것이 나는 그리도 좋았다. 작은 아파트에 갇혀 살던 개투에게 시골 집은 천국 같았을 것이다. 들판을 달리는 개투를 보고 있노라면 녀석의 목덜미에는 없는 갈기조차 휘날리는 것처럼 보였다. 그럴 때 녀석이 얼마나 아름다웠는지. 네 다리를 활짝 편 채 나는 듯 공중을 달리는 개투는 혼신의 힘을 다해 도움닫기 하는 높이뛰기 선수처럼 감동스럽기까지 했다.

　한편, 개투의 등장 이후 우리 집 견공들 사이에선 야릇한 기류가 흘렀다. 태어나던 순간부터 장군은 진순에게 일편단심이었건만, 진순은 장군에게 절대로 곁을 주지 않았다. 어찌나 매몰차게 거절하는지 장군을 대하는 진순에게는 찬바람조차 이는 듯했다. 짝사랑에 지친 장군이 그해 어느 가을날, 아직 어린 개투에게 잠깐 한눈을 팔았다. 개투는 정말이지 철도 없어, 그만 장군의 각시가 되더니만 덜커덕 새끼를 가졌다.

　기다리던 개투의 출산을 처음 알린 것은 진순이었다. 찬바람

불던 겨울날 새벽, 진순이 몹시 짖는 소리에 잠이 깨었다. 마당 불을 켜고 뛰어나가니 개투가 새끼 두 마리를 혀로 핥고 있었다. 우리는 개투 앞에 쪼그리고 앉았다. 어떻게 도와줘야 하나, 마음이 허둥댔다. 개투 엄마도 생각나고 어린 나이에 어미가 되어버린 녀석도 안쓰러웠다. 개투의 출산은 두 시간이 넘게 계속되었다. 날이 훤해질 무렵 녀석이 우리에게 안길 듯 다가오는가 싶더니 다섯번째 새끼를 낳았다. 얼마나 힘들었는지 녀석은 눈물을 흘리고 있었다. 잠깐 사이에 개투는 늙어 보였다.

천방지축 철부지 개투가 새끼들을 어찌 돌볼까, 나는 걱정이 되었다. 첫날, 저녁 운동 시간이 되자 자기 집 속에서 새끼들을 품고 꼼짝도 않던 개투가 밖으로 나왔다. 대문을 열자 개투는 집 앞에서 볼일만 얼른 보고는 곧장 집으로 들어갔다. 다른 때 같으면 달리기하자며 들판 쪽으로 앞장섰을 텐데 그냥 돌아서서 집으로 달려가는 개투에게 나는 감동했다. 개투는 그렇게 어미가 되었다.

열흘 후 성탄절 새벽에 첫눈이 왔다. 날이 밝기를 기다려 나는 개투를 들판으로 데려갔다. 눈 덮인 들판을 한동안 바라보던 녀석이 냅다 달리기 시작했다. 생전 처음 눈밭을 달리는 개투는 새끼들 생각도 잠시 잊은 것 같았다. 좋아서 컹컹 짖는 소리가 웃음소리 같았다. 우리는 하얀 눈밭 위에 첫 발자국을 찍으며 한참을 뛰어다녔다.

ⓒ 김학리

　　개투의 새끼들 중 우리는 한 마리만 키우기로 했다. 꾀가 하도 말짱해서 '꾀순'이라 부르던 녀석이었다. 그런데 이 녀석이 하는 짓이 수상했다. 제 어미인 개투보다 진순의 품을 더 자주 파고드는 거였다. 진순 또한 그런 꾀순을 뿌리치지 않고 나오지도 않는 젖을 물렸다. 꾀순을 품고 있는 진순을 향해 개투가 가끔씩 사납게 짖어대기 시작했다. 나는 진순의 소외가 염려스러웠다. 워낙 영리하고 조용해서 '어린 철학자'라 불린 진순은 너무도 고요해서 나를 가끔 슬프게 했다. 그렇다 해도 우리 집 견공들은 대체로 명랑하고 쾌활했다. 녀석들은 우리를 좋아했다.

그렇게 3년이 흐른 어느 봄날, 큰일이 일어났다. 캐나다에 다녀오느라 집을 오래 비운 것이 화근이었다. 덩치 크고 힘 좋은 개투가 칸을 막아놓은 철창을 넘어 진순을 공격했던 것이다. 충주 동물병원 윤 선생님의 극진한 치료 덕분에 회복되나 싶었던 진순이 달빛조차 없던 밤에 우리 곁을 떠났다.

그날 이후 남편은 오랫동안 개투를 쳐다보지 않았다. 나는 아침저녁으로 개투를 데리고 논둑을 걸으면서 살생의 죄를 지은 녀석을 위해 지장보살을 불렀다. 천성이 명랑한 개투를 남편은 끝까지 미워하지 못했다. 녀석들과 함께 들판을 달리는 것으로 하루를 시작하는 일상이 다시 이어졌다. 그러는 동안 다시 진영과의 인연으로 시베리안 허스키 견인 영광이 우리에게 왔다. 꾀순과 영광 사이에 곰자가 태어나고 장군과 개투는 할아버지와 할머니가 되었다.

2007년 말, 우리는 봉화 산골짜기로 들어왔다. 난방도 안 되는 단칸방에서 침낭 생활을 시작했기에 견공들 또한 옹색할 수밖에 없었다. 그 겨울, 눈은 왜 그리 많이 내리던지. 그렇지만 눈 내린 아침이면 어린애같이 소리 지르며 녀석들과 눈밭을 뛰놀던 시간은 축복이었다. 조립식 판자로 급하게 지은 녀석들의 집은 먼젓번의 돌집과 비교할 수 없이 초라했지만 사방이 산으로 둘러싸인 산골에서 녀석들은 행복해 보였다.

봄이 오자 논 만들고 밭 만드느라 녀석들에게 번듯한 집을 지어주지 못하는 것을 남편은 미안해했다. 작물 돌보고 새집 마무리하느라 여름은 더욱 바빴다. 거친 비바람이 두어 차례 지나가자 큰 밭에 심은 기장이 넘어갔다. 우리는 기장을 일으켜 세우느라 정신이 없었다. 그런데 개투가 이상했다. 밥을 먹지 않는 개투를 데리고 영주 병원에 다녀왔다. 원인을 알 수 없다 했다. 링거를 꽂은 개투를 현관에 들여놓았다. 수액으로 버티는 개투는 끙 소리 한 번 내지 않고 의연했다. 늘어져 있다가도 우리를 보면 꼬리를 흔들면서 일어나려고 애를 썼다. 놀라운 건 개투만이 아니었다. 어미인 개투가 심상치 않음을 느낀 꾀순이 밥을 먹지 않기 시작했다. 밥을 거부하는 꾀순을 쓰다듬으며 나는 조금 울었다.

일으켜 세운 기장이 비바람에 다시 넘어갔다. 낮에는 기장 일으키고 밤이면 개투를 보살피는 일이 이어졌다. 기운 없이 누워 있는 개투는 우리와 눈이 마주칠 때마다 빠뜨리지 않고 꼬리를 흔들었다. 꼬리라도 흔들지 않으면 좋으련만. 걱정과 안타까움에 잠을 이루지 못하는 밤이 계속되었다.

며칠 후, 남편은 개투를 다시 영주 병원으로 데려갔다. 그날 오후 서울의 큰 병원으로 옮겨진 개투의 병명이 밝혀졌다. 자궁축농증, 시기가 늦어 수술이 어렵다 했다. 한동안 소식이 끊겼던 개투 엄마와 진영이 병원으로 달려왔다. 자정 가까이 남편이 개투를 데리고 집으로 돌아왔다. 개투 엄마도 함께 내려왔다.

우리와 눈이 마주치면 개투는 여전히 꼬리를 흔들었다.

다음날, 우리는 어릴 때부터 개투를 돌봐준 충주의 윤 선생님께 연락을 드렸다. 데려오라셨다. 나는 개투 엄마에게 녀석을 부탁했다. 차 안에 늘어져 있는 개투 옆에 나는 눕다시피 하여 녀석의 목에 팔을 둘러 감싸 안았다. 개가 두 발로 서서 안길 때면 녀석의 목에 팔을 둘러 안아줘야 한다는 글을 어디선가 읽은 적이 있다. 개들은 주인이 그렇게 안아준 순간을 기억하며 살아가고 죽을 때도 그 순간을 기억하며 죽어간다고 한다. 일어서지 못하는 개투의 목을 안고 나는 울음을 터뜨렸다. 이 녀석을 어쩌나. 내 품에 안겨 나를 바라보며 녀석은 꼬리를 흔들었다. 개투 보내고 나는 큰 밭에 올라 개투을 안아 일으키듯 기장을 일으켜 세웠다.

윤 선생님이 안락사를 권하셨다며 전화기 저쪽에서 울먹이는 남편에게 나는 개투를 보내자 했다. 개투는 끝까지 기품을 잃지 않았다. 주사를 맞으러 가는 길에 녀석은 개투 엄마를 보고 꼬리를 흔들었다. 마지막 순간, 남편 품에 안긴 개투는 남편을 보며 눈물을 흘렸단다. 끝까지 의연했던 개투는 그곳에 있던 모든 사람들을 울려 병원이 눈물바다가 되었다 했다. 나는 어둠 속에 홀로 앉아 지장보살을 불렀다.

늦은 밤, 개투가 돌아왔다. 개투는 맑고 깨끗하고 한없이 고요했다. 남편은 장군, 꾀순, 영광, 그리고 곰자가 보이는 곳에 땅을 파고 개투가 누울 자리를 마련했다. 개투 엄마가 들고 온 장난감과 함께 개투를 묻을 때까지 우리 집 견공들은 숨소리조차 내지 않고 우리를 지켜보았다.

개투는 자기와 인연 있는 생명들을 모두 한 자리에 불러 모으고는 그렇게 세상을 떠났다. 영화 속의 대사처럼 우리가 개투를 선택한 것이 아니라 어쩌면 개투가 우리를 선택한 것인지도 몰랐다. "만남과 헤어짐은 가장 적절한 때에 이루어진다"는 말을 믿는다. 개투가 다음 생에서 부디 더 수승하게 태어나기를 기도한다. □

공짜는 없다

1.

여권을 새로 만들던 때였으니 5년 전의 일이다. 오랜만에 사진관에서 찍은 여권용 사진을 보고 나는 그만 고개를 돌리고 말았다. 주름살이야 어쩔 수 없다지만, 뚱하면서도 날이 선 표정이라니. 흰머리 아래서 편안하게 웃고 있는 사진 속의 남편을 보니 부아가 다 났다. 그때 지인에게서 들었던 말이 떠올랐다.

"어리석은 놈은 투덜대다 망하고, 철없는 놈은 화만 내다 죽는다."

구약 욥기에 나온 구절을 그이 나름대로 풀어낸 말이었다. 사진 속의 내가 딱 그 모양이었다. 어리석은 데다 철딱서니도 없었다. 나는 그때 결심했다. 절대로 투덜대거나 화내지 않기로.

그로부터 어느새 5년이 흘렀다. 그동안 나는 셀 수 없이 투덜대고 셀 수 없이 화를 냈다. 아직도 어리석고 아직도 철이 없으니까. 그렇다 해도, 화를 내는 도중에 때로는 화가 나는 순간에 알아차리고 멈추기도 하는 것을 보면 철이 조금은 든 걸까.

2.

　지난해 이른 가을날 울진에서 하룻밤을 묵게 되었다. 숙소의 창문으로 원자력 발전소가 멀리 보였다. 둥근 지붕을 얹은 다섯 기의 원자로가 최첨단 조형물같이 반짝거렸다. 반짝이는 돔형 원자로가 방탄유리나 탄소섬유 또는 이름 모를 최첨단 물질로 만들어진 것임을 나는 믿어 의심치 않았다. 그 밤, 우리는 바닷가에서 회를 먹고 소주를 마시고 많이 이야기하고 많이 웃었다. 인생은 즐거운 것이었다.

　다음날 아침, 발전소 전망대에 올랐다. 전망대에서 원자로를 보며 나는 내 눈을 믿을 수 없었다. 원자로는 거무튀튀한 시멘트 건물이었다. 거기에는 눈곱만큼의 반짝임도 없었다. 어젯밤에 내가 보았던, 그 반짝이는 돔은 대체 무엇이란 말인가? 원자로의 실체 앞에서 나는 몹시 당황했다. 그때 내 뒤통수를 때리는 구절이 있었다.

　"전도몽상(전도顚倒는 모든 사물을 바르게 보지 못하고 거꾸로 보는 것. 몽상夢想은 헛된 꿈을 꾸고 있으면서도 그것이 꿈인 줄을 모르고 현실로 착각하고 있는 것)."

　삶 또한 이와 같다면? 온몸에 소름이 끼쳤다.


3.

　우리 나이로 쉰이 되던 해, 새해 첫날 아침에 대학 선배의 이메일을 받았다. 오십 줄에 들어선 것을 진심으로 축하한다는 글을 읽는데, 마치 불이 반짝 하고 켜진 것처럼 마음이 밝아졌다. 앞으로의 내 삶은 어쩐지 더 즐거울 것 같다는 희망이 마구 들었다.

시골에 내려와 스스로에게 붙였던 '앙성댁'이란 별칭 외에 '즐거운 인생'이라는 별호를 가끔 쓰기 시작했던 것도 그때부터였다. 인생은 즐겁다고 노래를 부르니 진짜로 즐거워지기도 했다. 돌이켜보면 내 인생의 전반부는 조금 무겁고 심각했다. 어느새 산 날보다 살 날들이 훨씬 적은 나이가 되었지만 앞으로의 하루하루는 깃털처럼 가볍고 즐겁게 살고 싶다.

달라이 라마의 글에서 "인생의 목적은 행복을 찾는 것"이라는 구절을 처음 읽은 때가 시골에 막 내려와서였다. 충격이었다. 남 모르게, 그것도 죄의식을 느끼며, 떠올렸던 행복을 그렇게 드러내놓고 찾는 것이 인생이라니.

그런데, 행복은 찾는다고 해서 얻어지는 것이 아닌 것 같다. 지금 이대로 그냥 행복한 것, 그게 행복인 것 같다.


4.
"나는 내 자신에 대한 대가로
스스로를 고스란히 내놓아야 하며
인생에 대한 대가로 인생을 바쳐야 한다."
비슬라바 쉼보르스카의 「공짜는 없다」에서 □

히말라야 ❥ 삶은 살아야 할 신비인 것을

나는 왜 산에 가는가?

 2006년 연말, 피상피크 등반을 마치고 포카라로 향하는 길이었다. 등반에서 힘을 많이 빼서였는지 하행길이 조금 지루했다. 따또바니의 노천 온천에 몸을 푹 담그리라는 일념으로 걸음을 재촉하고 있는데 장대비가 내리기 시작했다. 사나운 빗줄기에 쫓겨 운행을 멈추고 가사에서 묵기로 했다.
 롯지(Lodge, 산행이나 트레킹 중 머무는 간소한 숙박 시설로 대개 식당을 겸함) 식당의 허름한 서가에 표지도 없고 속지도 반 너머 없어진 책이 눈에 띄었다. 처음 편 꼭지의 제목이 "작은 것이 아름답다Small is beautiful"였다. 제목에 끌려 오후 내내 그 책을 읽었다. 영국 에베레스트 원정대에 관한 책이었다. "등반의 진수는 봉우리를 오르는 데에 있는 것이 아니라 어려움과 싸우고 이겨내는 것"이라는 글귀가 오래도록 마음에 남았다.
 피상피크에 오르던 날, 정상을 100미터 남겨두고 포기해야 했던 순간과 그후 정상을 향한 남편을 기다리고 다시 하이캠프(고산 등반에서 정상 공격을 위해 베이스캠프 위에 설치하는 전진캠프)로 내려오기까지 24시간 넘게 악전고투했던 기억이 떠올랐다. 그러다가 문득 '나는 왜 산에 가는가?' 하는 물음이 생겼다. 뾰족한 답은 생각나지 않는데 한 번 떠오른 물음이 사라지지 않았다.

'뭘 왜 가? 그냥 가는 거지. 그런데, 정말 왜 산에 가는 거지?'

어지러운 시간이 잠시 이어졌다. 얼마 후 그럴 듯한 말이 떠올랐다.

'산이 불러서.'

그래, 산이 나를 부르는 거야. 그런데, 산이 대체 왜 나를 부르는 걸까? 나는 왜 그 부름에 따르는 걸까?

그리고 왜 히말라야에 들면 돌아왔다는 생각이 드는 걸까?

남들은 한 번 가기도 어렵다는 히말라야를 네 번이나 다녀왔다. 돌이켜보면 오랜 숨바꼭질 끝에 이루어진 일이었다. 돈과 시간, 체력, 거기에 더해 히말라야 여신의 허락이 있어야만 그곳에 갈 수 있다는 말은 빈 말이 아니었다. 서울에서 직장에 다니던 때는 시간이 나지 않았다. 어렵사리 기회를 만들어놓으면, 이번에는 히말라야의 여신이 허락하지 않는 것인지 뜻밖의 일로 무산되는 일이 번번이 일어났다.

농사를 지으면서부터는 겨울의 농한기라는 긴 시간이 생긴 반면 돈이 따라주지 않았다. 흐르는 세월에 체력은 자꾸 떨어지고, 이제 결단을 내려야 했다. 나이 쉰이 되던 해, 우리는 복숭아나무에 더 많은 공을 들이는 한편 새벽마다 논둑 달리기를 거르지 않았다. 종잡을 수 없는 날씨에 복숭아 농사가 망가졌지만 우리는 떠나기로 했다. 뜻이 있는 곳에 길이 있는 법이라 큰소리를 쳤지만, 속내를 보면 주위 분들께 폐를 끼친 거였다.

가기로 결정하자 이번에는 어디를 어떻게 가느냐가 문제였다. 나는 걷는 것만으로도 만족이었지만 남편은 등반을 원했다. 그러나 원정대를 꾸리기에는 시간도 사람도 없었고 무엇보다 재정이 받쳐주지 못했다. 등반전문여행사를 통해 남편이 오래 전부터 마음에 두고 있었던 아마다블람 원정팀에 합류할 수 있었다.

일주일의 카라반(베이스캠프까지 전진하는 것)후 4천5백 미터 고지의 아마다블람 베이스캠프에 도착한 날은 눈이 내렸다. 옹기종기 모여 앉은 텐트 가운데 불빛이 유난히 환한 텐트에서 웃음소리가 흘러나왔다. 마침 그곳에서는 등반을 성공적으로 마치고 다음날 하산하는 우리나라 원정대의 축하 잔치가 벌어지고 있었다. 대원 중에는 남편의 산 선배와 후배도 있었다. 날씨 때문에 고생이 많았다는데 평균연령 55세의 고령 원정대로서 대원 네 명이 정상에 올랐으니 참으로 장한 일이었다. 오랜 등반 경력과 뛰어난 실력, 끊임없는 체력관리, 그리고 무엇보다도 고교 시절부터 자일로 서로의 몸을 묶었던 팀워크가 있기에 가능한 일이었으리라. 쌀밥에 닭백숙이 놓인 상을 앞에 놓고 꼬냑과 소주로 축하와 격려를 서로 나누며 우리는 밤늦도록 셰르파

(네팔 산악지대에 거주하는 종족으로 히말라야 등반대의 안내자로 유명함)들과 함께 춤을 추었다. 생전 처음 올라간 베이스캠프에서 이토록 다정하고 아름다운 밤을 맞았으니, 우리는 정말 운이 좋았다.

그 해 남편은 세계 3대 미봉의 하나라는 아마다블람 정상에 무사히 올랐다. 함께 갔던 분도 정상에 섰다. 6,850미터의 설산을 함께 오른 이들 사이에는 연대감이 형성되었다. 오랜 시간 동안 함께 등반하면서 생겨나는 피붙이 같은 정과 일체감을 아쉬워하긴 했지만, 남편은 첫 등반에서 자신감을 얻은 것 같았다.

나 또한 살면서 꼭 하고 싶었던 것 하나를 이루었다. 햇빛에 반짝이는 설산 아래 베이스캠프에서 책을 읽은 거였다. 고소 적응 훈련을 하는 대원들을 따라 하이캠프 너머 캠프 1까지 다녀올 수 있었던 것도 예기치 못한 행운이었다. 그때까지 나는 내 등반의 종점은 베이스캠프라고 굳게 믿고 있었던 것이다.

그러나 처음 만난 히말라야에서 제일 감동적이었던 것은 남편이 아마다블람을 등반하는 동안에 홀로 나선 칼라파타르 트레킹이었다. 그 길에서 나는 아프도록 나를 돌아보았다. 첫 히말라야의 기억은 은근하고도 강렬했다. 그 이듬해도 또 그 이듬해도 농사는 별로였지만, 우리는 다시 배낭을 꾸렸다.

피상피크 등반에서 돌아와 나는 오래전에 읽었던 책을 다시 꺼내 들었다. 영국의 등반가이자 뛰어난 저술가인 프랭크 스마

이드의 책이었다. 그 책의 첫 장에 산에 대한 사랑은 "과거의 어떤 삶 속에 뿌리를 박은 유전적인 것"이며 "어떤 사람들은 그 사랑을 지니고 태어난다"는 글이 있었다. 나는 그 구절에 밑줄을 그었다. 산이 자꾸 나를 부르는 것, 산에 가면 돌아왔다는 느낌이 드는 것이 바로 그것 때문이었다. 스마이드가 그랬듯 "나도 그런 행운을 타고난 사람들 가운데 하나"라는 생각이 들었다.

내게 산행과 농사, 그리고 산과 밭은 서로 동의어이다. 시골에 내려와서 제일 많이 받은 질문이 왜 귀농했느냐는 것이었다. 그냥 내려왔다는 내 말에 사람들은 한결같이 고개를 저었다. 40년 넘게 살았던 서울을 어느 날 갑자기 그냥 떠나왔다는 말이 믿기지 않는다는 거였다. 귀농 13년 차, 나는 이제 이렇게 대답한다.

"귀농이란 말 그대로, 돌아온 거지요."

그래도 고개를 갸우뚱하는 이들에게 나는 덧붙인다.

"나를 부르는 곳으로요." □

## 꿈은 이루어진다

얼마 전, 트렌토 산악영화제 상영회가 충주에서 열렸다. 복숭아 봉지 씌우고 콩밭에 비닐 씌우느라 정신없이 바쁜 때였다. 저녁이면 밥만 간신히 먹고 통나무같이 쓰러져 자던 때였기에 영화와 단잠 사이에서 나는 잠깐 망설였다. 그렇지만 오래간만에 보는 멋진 영화, 그것도 산악영화는 긴 가뭄 끝에 내리는 단비와도 같았다. 저녁이면 물 먹은 솜처럼 늘어지던 몸과 마음이 영화를 보는 내내 기분 좋은 긴장감으로 팽팽해져 있었다. 그중에서도 특히 오스트리아의 등반가이자 사진작가인 하인즈 작의 「꿈은 사라지지 않는다」를 만난 것은 행운이었다.

1986년, 독일의 천재 등반가 볼프강 귈리히는 요세미티의 악명 높은 암장 세퍼릿 리얼리티 Separate Reality를 솔로 하드프리로 올랐다. 솔로 하드프리란 로프나 안전장비 없이 단독으로 바위를 오르는 등반 형식을 말한다. 이 역사적인 현장에는 하인즈 작도 있었다. 그는 발레수같이 날렵하게 크랙을 따는 귈리히를 촬영하면서 자기도 언젠가는 하드프리로 이 암장을 오르겠노라는 꿈을 가슴에 품었다.

하인즈 잘의 꿈은 그로부터 19년 후에 이루어졌다. 2005년 5월, 마흔일곱이라는 적지 않은 나이에 하인즈 잘은 세퍼릿 리얼리티의 두번째 하드프리 솔로 등반자가 되었다. 이 영화는 그가 세퍼릿 리얼리티에 오르기까지의 치밀하고도 엄격한 훈련 과정과 실제 등반 과정을 그리고 있었다.

세퍼릿 리얼리티는 200미터의 수직 바위와 이것에 마치 천정처럼 이어진 6미터의 화강암 바위로 이루어져 있다. 바위 저 아래로는 시퍼런 머세드 강물이 흐른다. 이 바윗길의 압권은 손가락이 가까스로 들어가는 천정 크랙이다. 화강암 천정에 거꾸로 매달려 이 크랙을 따고 마지막의 무지막지한 오버행(Overhang, 암벽의 일부가 처마처럼 튀어나온 부분)을 넘으면 하늘과 맞닿은 정상에 오르게 된다.

영화가 시작되면서 화면에 뜬 'Separate Reality'라는 글자를 보자 이상하게 가슴이 쿵하며 내려앉았다. 눈과 귀는 화면에 집중한 채, 나는 이 기이하면서도 낯설지 않은 단어를 더듬었다. 곧 페루 출신의 인류학자 카를로스 카스타나다의 연작 중에 같은 제목을 가진 소설이 있다는 것이 떠올랐다. 그와 함께 20여 년 전 한때 내 마음을 사로잡았던 소설 속의 인물, 야키 인디언 노인 돈 후앙이 생각났다. 인디언 노인은 우리가 살고 있는 이 현실세계가 전부가 아니라고 했다.

자료를 찾아보니 난공불락의 바위, 세퍼릿 리얼리티는 바로 카스타나다의 소설 제목에서 이름을 따온 거였다. 그 바위를 넘으면 또 다른 현실세계가 있다는 걸까? 실제로 세퍼릿 리얼리티를 초등한 퀼리히는 등반을 마친 후 "과거, 현재, 미래의 시간적 구분도 없었고, 내 영혼과 우주 사이에는 아무런 경계가 없었다"고 술회한 바 있다.

그날 세퍼릿 리얼리티를 오르는 마흔일곱 살의 하인즈 작을 보면서 나는 절대로 스러지지 않는 꿈과 또 다른 세계를 보았다. 그리고 오랫동안 듣지 못했던 질문을 내 스스로에게 던졌다.

'내 꿈은 무엇인가? 아니, 내게도 꿈이란 것이 있을까?'

젊은 시절, 꿈이 무엇인지 묻는 이들에게 나는 꿈이 없노라고 말했는데 내게도 스러지지 않는 꿈이 있었나 보다.

2004년 11월, 추수한 콩이며 팥을 창고에 던져놓고 우리 부부는 네팔행 비행기에 몸을 실었다. 쉰 나이에 생전 처음으로 히말라야로 가는 거였다. 비행기가 방콕을 거쳐 카트만두로 가는 동안 나는 꿈도 없는 깊은 잠에 빠졌다. 이따금 눈이 떠질 때마다 입안에서 뱅뱅거리는 노래가 있었다.

"그래도 생각나는 내 꿈 하나는 조그만 고래 한 마리. 자, 떠나자 동해 바다로. 신화처럼 숨을 쉬는 고래 잡으러!"

신화처럼 숨을 쉬는 나의 고래, 히말라야와의 만남이 그렇게 시작되었다. □

## 히말라야 닮은 산골에서 셰르파 흉내를 내다

일주일 전, 우리는 봉화 산골짜기로 옮겨 앉았다. 마흔 넘어서는 농부로 살겠노라는 남편을 따라 서울을 떠나 이름도 낯선 앙성으로 내려간 것이 1997년 11월이니, 꼭 10년 만이다. 농부로 산다는 것은 한 곳에 뿌리를 단단히 내리는 것이라 생각했는데, 지난 가을 어느 날 남편이 앙성을 떠나자 했다. 끈질기게 내린 비로 복숭아 농사가 완전히 망가진 후였다. 어디로? 하고 내가 물으니 남편이 기다렸다는 듯이 대답했다.

"바다 아니면 산골 오지."

나는 속으로만 말했다.

'그럼 이번엔 산골이야.'

내게 바다는 그곳에 안겨 사는 곳이 아니라 그리울 때 가끔 다녀오면 되는 곳이었던 것이다. 새로 자리잡을 땅을 구하러 다닌 지 사흘 째 되던 날, 우리는 봉화의 어느 깊은 산골짜기로 들어서게 되었다. 키 높은 낙엽송과 소나무가 좌우로 서있는 비포장도로로 들어서면서 나도 모르게 주먹이 꼭 쥐어졌다.

"바로 이곳이야. 내게 알맞은 땅."

해발 750미터, 높지는 않지만 앞산 뒷산이 첩첩했다. 그렇게 우리는 산골로 들어왔다. 서른에 만나 결혼하고, 마흔 조금 넘어 농부가 되고, 쉰 조금 넘어 인생 3막이 시작된 것이다.

산골에서 맞은 첫날, 우리는 이삿짐을 대충 부려놓고 온기 없는 방에서 소주와 막걸리로 새로운 출발을 축하하고 각자의 침낭 속으로 들어갔다. 한 겹 블록 벽 사이로 칼바람이 들어왔다. 침낭 속에서 달팽이처럼 몸을 또르르 말며 나는 중얼거렸다.

"히말라야가 따로 없네."

"6천 미터가 넘는 히말라야에서도 잠만 잘 잤는데, 뭐."

잠꼬대처럼 남편이 말했다.

전 주인 할머니가 혼자 사셨다는 오두막은 물도 나오지 않고, 문도 화장실도 부엌도 없었다. 나무를 때는 단칸방은 구들이 깨져 불을 지필 수 없었다. 앙성에서의 마지막 가을걷이에 바빠 산골 오두막을 손 볼 여유가 없었던 것이다. 봉화가 우리나라에서 제일 추운 곳이라던 주위 사람들의 걱정은 빈말이 아니었다. 그 밤, 침낭 밖으로 내놓은 코끝이 시려 여러 번 잠을 깼다. 봉화의 추위가 아무리 혹독하다 해도 히말라야만 할까, 했는데.

다음날 아침, 빨개진 코를 하고 밖에 나가니 강아지들 물그릇에 살얼음이 끼어 있었다. 얼음을 보니 소름이 오소소 돋았다. 세수하고 쌀 씻으러 냇가로 내려가는데, 남체에서 본 티베트 사람이 생각났다.

 3년 전 이맘때, 첫 히말라야 등반에서 고소 적응을 위해 남체에서 하루 머물던 때였다. 여행지에서 늘 하는 습관대로 우리는 아침 산책에 나섰다. 인터넷 카페에는 에베레스트 베이스캠프의 일주일치 기온 예보가 안내되어 있었다. 최고 영하 7도, 최저 영하 32도! 대형 초르텐(티베트어로 '신에게 헌납하는 그릇'이란 뜻의 불탑)을 향해 내려가는 길, 물이 고인 곳은 모조리 꽁꽁 얼어 있었다. 보기만 해도 몸이 움츠러드는데, 티베트 남자가 찬물 위에 엎드려 긴 머리를 감고 있었다. 으윽, 나도 모르게 진저리가 쳐졌다. 초르텐 앞 공터에는 티베트 상인들의 A형 텐트가 늘어서 있었다. 길 위의 삶, 언제든 짐을 꾸려 떠날 수 있는 그이들처럼 나도 가볍게 살리라.

 얼음물에 머리 감던 티베트 남자를 떠올리며 나는 의연하게 산골을 흐르는 냇물에 손을 담갔다. 내 손은 그러나 마음과는 달리 움찔거렸다. 저리도록 손이 시렸다. 그렇지만 산 위로 붉게 떠오르는 해는 가슴이 벅차오르게 장엄했다. 사방에 늘어놓은 짐이며 온기 하나 없는 방을 생각하면 조바심이 나기도 하련만, 무슨 배짱인지 마음이 느긋하고 편안했다. 오늘 안 되면 내일 하고, 내일 안 되면 모레 하면 되지, 뭐. 바위를 망치로 깨서 집을 짓고 길을 내던 히말라야 사람들을 떠올리면 세상에 급할 일이 없었다. 따사로운 햇볕을 받으며 앙성에서 거두어 온 콩이며 팥이며 수수를 앞밭에 널고 있으려니 나도 모르게 가만가만 노래가 나왔다. 내가 내는 노랫소리에 이번에는 웃음이 나왔다. 내가 셰르파 같았던 것이다.

셰르파 족은 네팔 히말라야의 고산지대에 살고 있는 사람들이다. 고소 적응 능력이 뛰어나 이들 중에는 히말라야 고산을 오르는 사람들을 위해 길을 안내하고 짐을 나르는 이들이 많다. 산 좋아하는 남편을 만난 덕분에 나도 셰르파들과 함께 히말라야 설산들을 오를 수 있었다.

셰르파들은 경이로웠다. 5천 미터가 넘는 고지에서 얼음을 깬 물에 맨손을 담그고 설거지를 하면서 그이들은 휘파람을 불었다. 자기 키보다 더 높은 짐을 지고 가파른 산길을 오르면서 노래를 흥얼거리던 젊은 셰르파는 정녕 행복한 얼굴이었다. 내일은 없고 오직 오늘뿐이라는 듯, 지금 이곳에서 사는 것을 즐기는 그이들은 매 순간 삶을 송두리째 받아들이는 것 같았다.

셋째 날, 한낮이 되어도 멍멍이들 물그릇의 얼음이 녹지 않았다. 이날 봉화는 영하 10도로 전국 최저였다. 이곳 산골은 거기에서 다시 5~6도는 내려간다니, 그럼 영하 15도는 됐을까? 다행히 오두막집은 정남향이어서 하루 종일 해가 들었다. 낮에는 난방이 안 되는 방보다 햇볕 좋은 바깥이 훨씬 따뜻했다. 양지바른 곳에서 손톱을 깎던 남편이 중얼거렸다.

"영락없는 베이스캠프야."

면도기를 찾지 못해 사흘째 수염을 깎지 못한 남편의 얼굴도 베이스캠프였다. 그럼 나도 베이스캠프 해야지. 나는 햇살이 좋은 곳에 의자를 내다 놓고 온몸으로 햇볕을 받으며 책을 읽었다.

산골에서 히말라야와 닮은 것은 햇살만이 아니었다. 밤이면 어깨까지 내려오는 별들과 밤새 세상을 환히 밝히다가 새벽이면 누가 볼세라 구름 속으로 숨는 달. 그리고 까마귀! 둘째 날 아침, 귀에 설은 새 울음소리에 이끌려 밖에 나가니 전깃줄 위에 까마귀 한 쌍이 앉아 있었다. 첫해 카트만두의 호텔방에서 창문을 열다가 느닷없는 까마귀의 울음소리에 놀랐던 일이 생각났다. 기억나지 않는 어렸을 적을 빼놓고는 내 생전 처음 보는 까마귀였다. 그리고는 산행 내내 까마귀를 보았다. 산골짜기 오두막에 날아온 까마귀는 히말라야의 전령사 같았다.

산골에서는 몸 또한 히말라야에서처럼 반응했다. 셋째 날, 실밥이 뜯어진 옷을 꿰매느라 돋보기를 쓰고 바느질을 하다가 깜짝 놀랐다. 며칠 사이에 손이 튼 거였다. 히말라야에서도 그랬다. 추위도 추위였지만 바람이 매서웠다. 게다가 물과 연료가 귀한 쿰부 지역의 롯지에서는 더운 물을 청하기가 어려웠다. 물티슈로 고양이 세수를 하거나 겨우 더운 물 한 바가지를 얻어 세수를 하니, 며칠 지나지 않아 얼굴과 손이 트고 말았다.

겨울 산골살이에 꼭 필요한 것이 일회용 반창고이다. 바람 때문인지 추위 때문인지 사흘 만에 손가락 끝이 갈라져 반창고를 붙여야 했다. 상처가 작다고 우습게 볼 일이 아니다. 제때 반창고를 붙여주지 않으면 갈라진 곳이 쿡쿡 쑤시는 바람에 잠까지 설치게 된다. 첫번째 히말라야 등반에는 예순이 훨씬 넘으신 분이 동행했다. 화려한 산행 경력 못지않게 사회 경력 또한 대단한 분이셨는데, 손가락마다 때가 꼬질꼬질한 반창고를 붙인 채 연신 코를 훌쩍이시던 모습이 생각난다. 히말라야와 산골의 바람과 추위는 사람을 차별하지 않는다.

넷째 날 저녁에는 주전자로 물을 데워 손도 씻고 얼굴도 씻고 발도 씻었다. 따끈한 물에 손을 담그니 고맙다는 마음이 절로 일었다. 냇물이 코앞인데 물 데울 생각을 하지 못했던 것은 그보다 급한 일이 많았던 까닭이리라.

오늘 아침은 유난히 코가 시리다. 스웨터 하나를 더 껴입고 우모복에 달린 모자를 둘러썼다. 해가 비추면 산골은 빠르게 따뜻해진다. 그러면 우모복 벗고 스웨터 벗고. 저녁이면 다시 스웨터 입고 우모복 입고. 이렇게 "추우면 옷 하나 더 입고, 더우면 옷 하나 벗고" 사는 삶이 즐겁고 행복하다. 내게 그리 살 수 있는 힘을 준 농사와 히말라야에 감사한다. ▫

# 뚱바에 취하고 히말라야 별에 취하고

산골에서의 첫해가 정신없이 지나갔다. 논 만들고 밭 만들어 벼를 비롯하여 여덟 가지 곡식을 심었다. 벼, 서리태, 쥐눈이콩, 메주콩, 팥, 수수, 기장 그리고 율무. 며칠 전에 싸락눈 내리는 앞밭에 쪼그리고 앉아 율무 이삭 줍기를 한 것으로 올해 가을걷이가 끝났다. 허리를 펴고 일어나 한바탕 기지개를 켜고는 만세를 불렀다.

가을걷이가 끝나니 그동안의 긴장이 풀렸는지 술 생각이 자주 난다. 지난 여름, 밭에서 일하면서 몸이 힘들 때면 한 잔씩 마셨던 막걸리가 어느새 버릇이 된 모양이다. 오늘같이 코끝이 쨍하니 추운 날에는 뚱바가 그립다.

뚱바는 네팔 산간지방에 살고 있는 셰르파 족의 민속주로 꼬도로 빚은 술이다. 해발 1천5백 미터에서도 자라는 꼬도는 우리네 기장과 비슷한데 색이 붉다. 뚱바의 원산지인 네팔 동북부 지역에서는 여인이 임신을 하면 뚱바를 담근다 한다. 아기를 낳은 산모는 곧바로 뚱바를 마신다. 그뿐이랴, 젖꼭지에 뚱바를 묻혀 아기에게도 맛을 보인단다. 생일날 우리가 미역국을 먹듯 이곳 사람들은 뚱바를 마신다. 세상 떠나는 날에도 친구들은 망자를 위해 뚱바를 준비한다. 뚱바는 마시는 방법이 특이하다. 대나무로 만든 작은 통에 담아 따끈한 물을 부어 차같이 우려내어 빨대로 마신다. 이때 빨대로 젓지 말고 지긋이 기다려야 한다. 잘 숙성된 뚱바는 대여섯 번 물을 다시 부어도 맛이 그대로이다.

등반 끝나고 베이스캠프에 내려오면 셰르파들은 조촐한 잔치를 준비하곤 했다. 몇 시간이나 걸리는 마을까지 내려가 구해 온 닭고기에 내가 좋아하는 뚱바도 빠뜨리지 않았다. 뚱바는 빚는 이에 따라 맛이 조금씩 다르다. 내가 맛본 뚱바 중에 제일 좋았던 것은 히말라야에 갔던 첫해 셰르파 옹추의 집에서 맛본 것이었다.

아마다블람 등반을 마치고 하산하는 길에 옹추는 채플룽에 있는 자신의 집으로 우리를 초대했다. 마을 사람들까지 모두 모인 그날 밤, 옹추는 뚱바는 물론 창에 락시까지 내왔다. 창은 우리의 막걸리와 비슷하고 락시는 정종과 비슷한 민속주이다. 히말라야 사람들이 술을 권하는 방식은 각별하다. 한 손에는 술주전자를 들고 다른 한 손으로는 어서 술잔을 들라는 신호를 연신 보내는 것인데, 받는 사람이 술산을 들 때까지 결코 자리를 떠나지 않는다. 그날 나는 뚱바에 취하고 히말라야의 별과 달에 취하고 히말라야 사람들의 정다움에 취해 그이들과 어깨동무를 하고 셰르파의 춤을 수도 없이 추었다.

 카트만두 뒷골목의 허름한 식당 스몰스타에서 마셨던 뚱바도 빼놓을 수 없다. 싸고 맛난 현지인 식당으로 이름난 그곳은 늘 사람들로 북적거렸다. 젊은이들과 나이 지긋한 이들이 섞여 앉아 조금은 고단해 보이지만 유쾌한 얼굴로 이야기와 웃음, 그리고 뚱바를 함께 나누고 있었다. 동그란 얼굴에 언제나 웃음을 머금고 있는 이곳 여주인의 고향이 바로 뚱바의 원산지, 세계에서 세번째로 높은 산 칸첸중카가 있는 지역이란다. 이 집의 뚱바는 맛도 뛰어나지만, 처음 보는 네팔 사람들과 눈이 마주칠 때면 대나무 잔을 치켜들어 서로 위로하고 응원하는 격의 없는 분위기가 정겨웠다.

 4년째 겨울이면 떠났던 히말라야를 올해는 아무래도 갈 수 없을 것 같다. 대신 이번 겨울에는 히말라야의 추억을 차근차근 돌아볼 생각이다. 그동안 정리하지 못한 사진도 꺼내보고 손바닥만 한 수첩에 곱은 손으로 휘갈겨 쓴 글도 읽어봐야겠다. 그러다가 네팔 사람들의 주식인 달밧 이야기가 나오면 달밧을 만들어 먹고, 롯지의 부엌 아궁이에서 감자를 구워 먹는 사진이 나오면 움에 묻어놓은 감자를 꺼내 구워 먹어야겠다. 그러다가 뚱바 생각이 나면 지난 여름에 담근 돌배주를 한 잔 마시리라. 아니, 개울 건너 우리 밭에서 수확한 기장으로 이번 겨울에는 나도 한번 뚱바를 만들어볼까나. □

2008. 11

## 대한민국 농부 푸모리 원정대

2004년 겨울, 나이 쉰에 처음 본 히말라야의 여운이 깊고도 길게 이어졌다. 아마다블람 베이스캠프를 내려오던 날, 옹추 셰르파가 내 손을 잡고 한 말도 자주 생각났다.

"내년에 푸모리 꼭 같이해요. 마담도 오를 수 있어요."

복숭아 농사는 여전히 신통치 않았지만 우리는 배낭을 꾸리기로 했다. 대상지는 일찌감치 정해져 있었다. 쿰부 히말라야의 7,145미터 봉우리 푸모리. 어쩌면 정상에 설 수 있다는 야무진 꿈을 꾸며 나는 새벽의 논둑 달리기를 거르지 않았다. 제일 큰 난관은 역시 경비였다. 산행을 꾸준히 할 수 있는 형편이 아니어서 대원 구성도 어려웠다. 다행히 첫해 아마다블람을 함께 올랐던 분과 남편의 오랜 산 후배가 동참하기로 했다.

경비를 줄이기 위해 나는 네팔 현지 에이전시와 접촉했다. 모험이있지만 신출내기 에이전시로 정했다. '처음 마음'이라는 것을 믿었다. 낮에는 밭에서 일하고 밤이면 얼굴 모르는 네팔 파트너와 이메일을 주고받는 날들이 이어졌다. 일정과 경비에

아마다블람과 푸모리를 함께 올랐던 클라이밍 셰르파, 영 니마

서 스텝에 이르기까지 계획은 만족스러웠다. 아마다블람 등반을 함께했던 믿음직한 셰르파들이 모두 참여하기로 했던 것이다. 입산허가 신청서에 '2005년 겨울 대한민국 농부 푸모리 원정대'라고 적어 넣으면서 나는 미소를 지었다. 우리 부부와 함께 가는 두 사람도 텃밭 농사를 짓고 있거나 농부의 아들이었다.

비행기표도 손에 쥐었는데, 마지막 고비가 기다리고 있었다. 네팔 파트너가 선수금을 요구했다. 우리 돈이야 날려도 어쩔 수 없다지만 다른 일행이 있다는 것이 큰 부담이었다. 잠 못 이루는 밤이 이어지더니 떠나기도 전에 혓바늘이 돋았다. 2005년

11월 15일, 우여곡절 끝에 우리는 홍콩 경유 네팔행 비행기에 몸을 실었다.

우리는 이번 등반에서 고소 적응과 훈련의 목적으로 흔히 아일랜드 피크라고 불리는 임자체를 오르기로 했다. 임자체는 6,189미터 높이의 트레킹 피크(네팔등산협회가 정한 5천~6천 미터급 봉우리로, 원정대를 꾸리지 않고 등반할 수 있음)로, 롯체 남벽과 마칼루를 비롯하여 정상에서의 파노라마가 빼어난 봉우리다. 우리는 임자체를 가볍게 올랐다. 농부 원정대의 사기는 하늘을 찔렀다.

푸모리 베이스캠프에 도착하던 날부터 바람이 사납게 불기 시작했다. 이쪽 저쪽에서 눈사태 소리가 위협적으로 들렸다. 등반의 안전과 성공을 비는 셰르파 의식인 라마제 전날 밤에는 그 많던 히말라야의 별 하나 보이지 않고 바람소리만 괴괴했다. 셰르파들은 새벽부터 준비한 제물로 제단을 꾸미고 향을 피웠다. 나는 푸모리의 여신이 우리를 받아주시기를 간절하게 빌었다. 예정된 아홉시가 되자 마치 기다렸다는 듯이 5색 깃발 뒤 푸모리 위쪽 하늘에 구름이 벗어지면서 부챗살 같은 햇살이 퍼졌다. 고마움과 감동으로 코끝이 찡해졌다.

이틀 후, 캠프 1을 구축히고 내려온 두 클라이밍 셰르파와 등반 일정을 의논했다. 사나운 바람과 눈사태가 제일 큰 위협이라 했다. 깊은 눈의 니마 누루가 낮은 목소리로 말했다.

"산, 그러니까 신은 단 한 번밖에 기회를 허락하지 않습니다. 그 기회를 꼭 잡아야 합니다."

늘 웃는 얼굴이던 영 니마도 심각한 표정을 지었다.

"캠프 1 위쪽은 아마다블람보다 네 배는 더 어려운 것 같아요. 눈사태도 무섭구요."

단 한 번의 기회뿐이라는 말에 나는 정상에의 꿈을 미련 없이 접었다. 팀에 짐이 되고 싶지 않았다. 그래도 하이캠프까지 가는 훈련에는 나도 참여했다. 출정일 전날 밤, 사나운 바람에 식당 텐트 폴이 쓰러졌다. 베이스캠프에는 긴장감이 돌았다.

드디어 출정일. 세 남자는 정상을 향해 올라갔다. 베이스캠프에 홀로 남은 나는 별다른 이유 없이 허리병이 났다. 원정을 준비하고 진행하면서 쌓인 부담과 책임감 때문이었을까. 5천4백 미터의 산속에서 내가 의지할 것은 파스와 핫팩, 상행 카라반에서 배앓이하는 나를 위해 서더(원정대에서 살림과 행정을 총괄하는 세르파) 파상이 구해 온 네팔의 만병통치약인 산초, 그리고 요가가 전부였다. 몸을 움직일 때마다 나도 모르게 신음소리가 났다. 연거푸 세 번 기침을 하고는 허리가 끊어지는 듯한 통증에 그만 눈물을 쏟고 말았다.

그런 나를 보며 파상이 고개를 흔들었다. 허리가 나으려면 날씨도 등반도 생각하지 말고 오로지 행복한 마음만 가지라고 했다. 세르파들의 삶이 그러했다. 어떤 상황에서든 행복할 것. 나도 행복하고, 너도 행복하고, 그래서 우리 모두가 행복한 것. 낡아서 지퍼가 망가진 텐트를 실로 꿰매며 파상이 활짝 웃었다.

"5천 미터가 넘는 곳에서 바느질을 하다니, 신기록이에요."

그래도 명색이 원정대 텐트인데. 그렇지만 가난하다는 생각을 버리면, 이렇듯 모든 것이 경이롭고 즐거웠다.

캠프 1에 무사히 오른 이들에게서 새벽 한시에 정상을 향해 출발한다는 소식이 왔다. 자정 넘어 파상이 산 위의 니마 누루와 교신하는 소리가 들리더니 얼마 후 향냄새와 함께 웅얼거리는 소리가 들렸다. 밖에 나가니 파상이 깜깜한 제단에 촛불을 밝히고 불경을 외우고 있었다. 파상의 옆에 서서 나도 가만히 두 손을 모았다. 거대한 봉우리 앞에서 지내는 인간의 작은 제례가 눈물겨웠다.

잠시 후, 푸모리 봉우리 중간에 불빛이 반짝였다. 산 위의 사람들이 캠프 1을 출발하는 거였다. 불빛이 주기적으로 환해지는 것으로 보아 그이들도 우리를 보고 있는 것 같았다. 문득 물이라도 흐르는 듯 가슴이 서늘해졌다. 우리는 왜 이곳에 왔을까? 기록을 위해서? 자연과 삶을 이해하기 위해서? 스스로를 돌아보기 위해서? 지금 이곳에 있는 공덕으로, 우리들 모두가 넓어지고 깊어지기를 나는 산설한 마음으로 기도했다. 추위 때문인지 간절함 때문인지 눈물이 볼을 타고 주르르 흘렀다.

아침 일곱시 30분, 니마 누루가 정상을 300미터 남겨두었다는 소식을 전해왔다. 얼마 후 푸모리 위쪽에서 눈사태 소리가 요란하게 들려왔다. 제단에 다시 향을 피운 파상이 산 위의 사람들과 교신을 시도했지만 불통이었다. 나는 텐트 앞에서 푸모리 정상을 바라보며 아픈 허리에 뒷짐을 지고 걸음마 배우는 아이처럼 천천히 발을 떼며 속으로 관세음보살을 불렀다.

  12월 7일 낮 열두시 34분, 니마 누루에게서 남편과 함께 푸모리 정상에 올랐다는 교신을 받았다. 뒤이어 영 니마도 올랐다. 축하한다며 내 손을 잡는 파상의 눈에 눈물이 고였다. 텐트 앞에 찍힌 무수한 내 발자국들이 눈물 속에 둥둥 떠다녔다. ▫

## 삶은 살아야 할 신비

2005년 11월 28일

오후 다섯시 8분. 로부체의 '구름 위' 롯지 벽에 기대어 눕체의 일몰을 지켜보다. 8천 미터 가까운 봉우리를 통째로 붉게 물들이는 지는 해의 위력에 감탄하다. 구름마저 붉다. 황금색으로 물든 거대한 봉우리 앞에서 나는 문득 가랑머리 여학생이 되어 워즈워드의 「무지개」를 읊조리다.

"하늘의 무지개를 바라볼 때면/ 내 가슴은 뛰노라/ 내 어릴 때도 그러했고/ 어른이 된 지금도 그러하거니/ 나 늙어진 뒤에도 그렇지 못하다면/ 차라리 죽음이 나으리라……."

일년 전 이맘때도 나는 꼭 그 자리에 서서 눕체 위로 지는 해를 보았다. 그날, 황금색으로 발광하는 눕체가 어지러워 고개를 떨어뜨리니 하얀색 브래지어 하나가 빨랫줄에 걸려 있었다. 머리 안 감은 지 열흘이 지났는데 근지럽다거나 찝찝하다는 느낌도 없을 때였는데, 그래서 꿈을 꾸고 있는지 깨어 있는지 현실감이 없는 때였는데, 4천9백 미터 고지의 빨랫줄에 꽁꽁 언 채로 걸려 있는 하얀 브래지어가 내 가슴을 후려쳤다. 아, 삶이여.

2005년 11월 29일

어두운 새벽에 눈이 떠져 잠을 다시 못 이루다. 밑도 끝도 없이, 예이츠의 글 조각 하나가 생각나다.

"삶은 풀어야 할 과제가 아니라 살아야 할 신비."

침낭 속에서 몸을 웅크린 채 그 글귀를 수없이 되뇌다. 촐라 패스를 넘을 거라는 아일랜드 처자들 때문인가 보다. 엊저녁 롯지 식당에서 그이들이 아일랜드에서 왔다는 말을 듣고는 나도 모르게 "아, 예이츠의 나라에서 왔군요" 했으니까.

식당에서 늦은 아침을 먹는 아일랜드 친구들에게 새벽 내내 나를 붙든 예이츠의 구절을 알고 있는지 물었다. 금발을 길게 하나로 묶은 친구가 내 수첩에 원문을 적어주었다.

"Life is a mystery to be lived, not a problem to be solved."

수첩을 내게 건네며 그이가 반짝이는 눈으로 내게 물었다.

"당신의 삶도 그러하겠지요?"

나는 고개를 끄덕이며 속으로 말했다.

'그래, 이리도 명쾌한 것을. 삶은 살아야 할 신비인 것을.'

2005년 12월 9일

두클라 지나서. 하얀 운동모를 쓰고 좁교(야크와 물소의 교배종으로 히말라야의 주요 운송수단) 뒤를 따라가던 클라이밍 셰르파 니마 누루가 저 앞에서 걸음을 멈추고 우리를 기다렸다. 할 일이 있다면서 일행보다 먼저 내려가도 되겠느냐고 물었다. 조금 긴장한 얼굴이어서 어디 아픈 데라도 있느냐고 물으니 얼른 집에 내려가서 아내의 49제를 자기가 직접 준비하고 싶다고 했다.

파상에게서 니마 누루의 아내에 대한 이야기를 처음 듣던 때, 나는 푸모리 베이스캠프에서 산에 오른 남편을 기다리고 있었다. 부인이 세상을 떠나던 날도 니마 누루는 프랑스 팀과 바룬체를 오르고 있었단다. 그같은 사연에도 등반 내내 그토록 고요하고 침착했던 젊은이가 경이로웠다. 이런 삶도 있구나. 이 친구를 이토록 조용히 견디게 하는 것이 대체 무엇일까?

내가 아내의 임종을 지켜보지 못해 마음이 아팠겠다 하니, 니마가 고개를 저었다. 인연 따라 가는 것이니 슬픈 일이 아니라며 아내의 49제를 자기 손으로 준비할 수 있어 고맙다고 했다. 이런 것이 온전한 받아들임일까.

히말라야 사람들은 수천 미터가 넘는 봉우리도 산이라 부르지 않고 언덕이라고 부른다고 한다. 언덕이라니, 얼마나 가벼운가? 깃털처럼 가볍게 올라 웃으면서 내려오는 것. 이들이 사는 방식이다. □

## 나를 내려놓다

오랜 세월 내 생각에만 갇혀 살던 내가 조금씩 마음을 연 것은 시골에 내려와 농사를 짓고부터였다. 들일을 하면서 만나는 무수한 생명들과 내가 어떤 식으로든 연결되어 있음을 느꼈던 것이다. 나와 상관없다고 생각했던 세상사에 대해서도 연민과 고마움을 자주 느끼게 되었다. 전혀 새로운 이 느낌은 나로 하여금 또 다른 세상으로 통하는 문을 열게 해주었다. 어느 때부터인가 들일을 하면서 나는 나도 모르게 관세음보살님을 부르고 있었다.

그리고, 큰 전환점을 맞게 되었다. 2006년 겨울, 남편과 히말라야의 피상피크를 등반하던 때였다. 정상을 100미터 남겨둔 곳에서 나는 등반을 포기했다. 기를 쓰면 올라갈 수도 있겠지만, 하산을 생각해야 했다. 나는 망설이는 남편의 등을 두드리며 어서 다녀오라고 했다. 남편은 꽝꽝 언 눈을 찍어 내가 발 디디고 앉을 수 있는 자리를 만들었다. 내가 자리에 앉자 남편은 언 눈에 피켈을 단단히 박고 내 안전벨트 확보줄을 걸었다. 그리고는 비장한 얼굴로 나를 여러 번 돌아보며 정상을 향해 올라갔다.

6천 미터의 가파른 설산, 얼음 같은 눈 위에 엉덩이만 겨우 걸치고 앉아 나는 남편을 기다렸다. 한 시간이면 온다던 남편은 돌아오지 않았다. 날은 어두워지고 온몸은 얼어가는데 정상 부근에서는 돌과 눈덩이가 끊임없이 굴러 내렸다. 맞은편 안나푸르나에는 크고 작은 눈사태가 여러 번 지나갔다.

피상피크 정상에서 이번에는 꽤 큰 규모로 눈덩이가 떨어져 내렸다. 여기서 이렇게 죽을 수도 있겠구나, 하는 생각이 들기 시작했다. 두려움에 머리끝이 섰다. 머릿속이 텅 빈 것처럼 아무런 생각도 나지 않았다. 얼마 후 별의별 생각이 한꺼번에 떠오르기 시작하더니 토할 것 같은 어지럼증이 왔다. 눈 덮인 안나푸르나를 바라보며 헛구역질을 꺽꺽 하면서 나는 이것이 꿈인지 실제인지 분간할 수 없었다.

얼마나 시간이 흘렀을까, 마구 엉킨 실타래 같은 생각이 하나로 모아졌다. 잘못 살았다는 후회였다. 주변 사람들에게도 잘못했고 일에도 최선을 다하지 않았고 자연과 사물도 함부로 대했다. 회한의 눈물이 끝도 없이 흘러내렸다.

후회가 극하면 육체적인 고통이 되는가, 숨을 쉴 수 없을 정도로 가슴이 죄어왔다. 답답한 가슴을 주먹으로 쾅쾅 치는데, 문득 이러고 있는 나는 대체 누구인가? 하는 의문이 들었다. 아무리 머리를 쥐어짜고 가슴을 쥐어짜도 내가 누구인지 알 수 없었다. 다급하고 무서웠다. 머릿속이 새하얘지더니 내 목에서 사람의 소리라 할 수 없는 울음이 터져 나왔다. 나다 하고 붙잡을 것이 이렇게 아무것도 없단 말인가! 나는 짐승같이 울었다. 얼마나 울었을까. 목이 메어 소리도 나오지 않을 즈음 '나란 것이 없구나' 하는 생각이 가슴을 쳤다. 나란 것을 내려놓으니 마음이 차츰 가라앉으면서 글귀 하나가 떠올랐다. 나는 가만히 읊조렸다.

"무상심심미묘법 백천만겁난조우 無上甚深微妙法, 百千萬劫難遭遇"

더없이 심오하고 미묘한 법, 백겁 천겁 만겁이 지나도록 만나기 어려워라. 돌아가신 친정어머니가 새벽마다 외우시던 천수경의 첫 부분이었다.

'고맙습니다. 그토록 만나기 어려운 법을 이곳에서 이렇게 만났으니!'

두려움과 후회의 눈물이 고마움의 눈물이 되어 한없이 흘러내렸다. 6천 미터의 설산에서 '옛 인연을 이어서 새 인연을' 맺은 것에 감사했다. 그리고 얼마 후 남편이 돌아왔다. 네 시간 만이었다. 그날 산을 내려오면서 우리는 여러 차례 죽을 고비를 넘겼다. 30미터 로프로 하강하던 남편이 언 바위에 미끄러져 추락하는 사고도 있었다. 그 바람에 랜턴도 픽켈도 잃어버렸다. 보름달이 비추는 눈길을 걸으면서 나는 살아서 돌아갈 수 있기만을 기도했다. 살아서 돌아가기만 한다면 나는 완전히 다른 사람이 될 것이었다.

　3년이 흐른 지금, 나는 그때와 별로 달라진 것이 없는 것 같다. 그러나 비록 가끔이긴 하지만, 조금 달라졌네 하는 생각이 드는 때면 늘 설산에서의 내려놓음이 그 배경에 있었다. 그리하여 다시 그때를 돌이키게 되는데, 지금이라면 그 밤의 눈길을 걸으면서 살아서 돌아갈 수 있기를 기도하는 대신 내딛는 발걸음 하나하나에 온 마음을 집중했을 것이다. ▫

## 오늘도 즐겁게

　서른 살 무렵이었다. 우연히 텔레비전을 보았는데 바다 수영을 마친 사람들이 바닷물을 뚝뚝 떨어뜨리며 사이클에 올라타더니 키 큰 열대 나무가 늘어선 도로를 질주했다. 얼마 후 장면이 바뀌면서 사람들이 헬멧과 사이클을 집어 던지고는 도로 위를 달리기 시작했다. 철인 3종 경기라 했다. 땀으로 범벅이 된 젊은 남자의 일그러진, 그러나 더없이 투명한 얼굴이 화면 가득 클로즈업되는 순간 머리끝이 서는 것 같았다. 나도 해야지, 나는 주먹을 쥐었다. 수영 3.9킬로, 사이클 180.2킬로 그리고 마라톤 42.195킬로. 그중에서 그때까지 내가 해본 것은 수영 10미터, 그것도 실내 수영장에서, 가 전부였다. 나는 길게 보기로 했다. 마흔까지 연습하면 할 수 있겠지.

　마흔은 눈 깜빡 하는 사이에 왔는데 달라진 것은 하나도 없었다. 노력을 아주 안 한 것은 아니었다. 직장 근처 수영장에서 정식으로 영법을 배웠으나 실력은 제자리를 맴돌았다. 코치 생활 10여 년에 나처럼 열심히 하는 사람도 처음이고, 나처럼 늘지 않는 사람도 처음이라는 코치의 말에 나는 고개를 떨구었다. 첫째 종목에 걸려 사이클과 마라톤은 아직 시작도 못한 채였다. 몸에 힘이 너무 들어가 있어서 수영이 안 된다는 코치의 말에 나는 철인의 꿈을 쉰으로 연기했다. 나이 들면 힘도 빠지겠지.

그런데 마흔을 얼마 지나지 않아 시골행이라는 변수가 생겼다. 들일에 지치고 자연 앞에서 수도 없이 힘이 빠져서 수영이 잘될 것 같았는데, 이번에는 수영을 할 만한 곳이 마땅치 않았다. 남한강은 너무 깊고 넓었고 충주의 실내 수영장은 먼 데다가 돈도 많이 들었다. 철인의 꿈을 접어야 하나, 하던 때 남편이 달리기를 시작했다. 새벽마다 집 앞의 논둑을 달리는 남편은 오르내림이 제법 있어 운동이 된다며 좋아했다. 가랑비 내리던 어느 봄날, 나는 별 생각 없이 남편을 따라 나섰다. 물안개가 피어오르는 새벽 들판의 논둑 달리기는 경이로웠다. 두 다리가 자발적으로 연이어 앞으로 차고 나가며 몸을 이끄는 느낌은 즐거움 이상이었다. 발 밑으로 느껴지는 풀과 흙은 부드러우면서도 탄력 있었다. 두 바퀴를 돌면서부터는 바보같이 자꾸 웃음이 났다.

그날부터 나는 논둑 달리기를 거르지 않았다. 시절이 그러했는지, 때맞추어 철인 3종 경기에 빠져 있는 젊은 친구가 우리 집을 찾아오기 시작했다. 정신지체가 있는 아이들을 돌보고 있던 그이는 죽을 때까지 꿈꿀 수 있는 것이 철인이라고 내게 말했다. 그이가 돌보는 아이들 중에도 철인이 되려고 연습하는 친구가 있다고 했다. 나는 다시 주먹을 쥐었다.

2001년 가을, 나는 남편과 함께 충주 사과축제 마라톤에 참가하여 10킬로를 뛰었다. 논둑만 달리다가 쭉 뻗은 신작로를 내처 10킬로를 달린다 생각하니 조금 기가 죽었다. 긴 바지, 그것도 등산바지에 등산화를 신은 사람은 우리밖에 없었다. 처음 경험한 10킬로 달리기가 썩 마음에 들었다. 긴 호흡이 좋았다. 첫 대회에서 얻은 것이 또 있었다. 마라톤용 반바지. 그 반바지를 입고 그해 10킬로를 한 번 더 뛰었다.

이듬해, 나는 하프코스에 도전했다. 남편은 곧장 풀코스를 뛰었다. 제천 호반을 끼고 달리는 코스는 오르내림이 심했지만 아기자기했다. 완주가 목표였던 첫번째 하프코스에서 나는 두 시간 14분이라는, 좋은 기록을 냈다. 그 기록은 지금껏 깨지지 않았다. 이후 우리는 해마다 마라톤에 참가했다. 남편도 나도 마라톤이 무척 좋았다. 물론 아침의 논둑 달리기도 거르지 않았다.

2004년 이른 봄, 대전에서였다. 그날도 나는 하프코스를 뛰었다. 이런저런 일로 잠 못 이루는 날이 이어지던 때였는데, 예상대로 몹시 힘이 들었다. 날씨조차 싸늘하고 바람이 강했다. 대체로 5킬로 지점을 지나면 몸이 풀어지면서 가벼워지는데 그날은 10킬로를 넘어서도 몸이 둔하고 무거웠다. 게다가 반환점을 돌기도 전에 발가락에 물집이 잡혔다. 내가 꼴찌였는지, 도로 위를 달리는 내게 정복을 입은 의경이 인도 위로 올라가라고 했다. 가슴에 단 "탄핵반대" 리본이 부끄럽지 않게 나는 젖 먹던 힘까지 내어 뛰었다.

어려움만큼 좋은 기억도 있었다. 골인 지점을 4킬로쯤 남겨놓고 나는 세 사람의 마라토너를 만났다. 세 사람 모두 나를 앞질러 갔다. 첫번째 사람은 아무 말 없이 뛰어갔고 두번째 사람은 힘내세요, 하고 외쳤다. 세번째 사람은 젊은 남자였는데, 나를 앞지르려는 순간 속도를 늦추더니 내게 고개를 숙이며 인사했다.

"안녕하세요?"

수도 없이 들었던 "안녕하세요"라는 인사가 말로 다할 수 없는 감동을 줄 수 있다는 것을 나는 그때 처음 알았다. 그이의 인사 덕분에 나는 정말 안녕해졌다. "끝까지 힘내세요"라는 말을 남기고 그이는 나를 앞서 달려나갔다.

그리고 곧 건널목이 나왔다. 길을 몰라 망설이고 있는데 의경이 보였다. 경기장 가는 길을 물으니 건널목을 건너라 했다. 길을 건너려는데 마라톤 복장의 남자가 어느 사이엔가 나타나 다른 길로 달려가고 있었다. 나는 그이를 향해 소리를 질렀다.

"마라톤!"

그이는 그러나 내 소리를 듣지 못했다. 나는 그이를 향해 몇 걸음 달렸다. 다리가 끊어질 듯이 아팠다. 그이는 마지막 힘을 다하는 사람처럼 빠르게 내달렸다. 마라톤! 마라톤! 있는 힘을 다해 외치는 내 소리를 그이는 듣지 못했다. 마침 지나가는 학생에게 나는 마라토너에게 바른 길을 일러주라고 말했다. 학생이 멍한 표정으로 나를 바라보았다.

"저 길이 아니라, 이 길을 건너야 한대!"

나는 악을 쓰고 있었다. 그러는 동안 건널목에는 빨간불이 들어왔고, 나는 힘이 빠져 무너지듯 주저앉았다. 웬일인지 눈물이 나려고 했다. 그날 나는 꼴찌로 경기장에 들어섰다.

그해 겨울, 우리 부부는 오랫동안 꿈꾸었던 히말라야에 다녀왔다. 논둑 달리기와 마라톤에서 길러진 힘과 끈기가 바탕이 되었음은 물론이다. 그후 히말라야는 우리의 삶에 깊숙이 자리잡았다. 겨울이면 우리는 배낭을 꾸렸다.

2007년 봄, 복숭아 봉지를 씌울 때부터 조금씩 부어오르기 시작한 무릎이 콩을 심을 무렵에는 공처럼 부풀어 올랐다. 관절염이라 했다. 달리기는 안 된다고 했다. 새벽의 논둑 달리기가 저녁나절의 논둑 걷기로 바뀌었다. 그해 가을의 마라톤 대회에서 나는 도로 위를 달리는 대신 경기장에서 풀코스를 뛰는 남편이 들어오기를 기다렸다.

그날 대회에는 아테네 올림픽 마라톤 동메달리스트인 리마가 초청되었다. 불운의 마라토너 리마는 35킬로까지 선두를 달리다가 한 구경꾼의 방해로 넘어지고 말았다. 전혀 예기치 못했던 사고로 선두를 내주고 앞서 달리는 이들의 뒷모습을 보면서 그이는 무슨 생각을 했을까? 올림픽 우승을 눈앞에서 놓쳐버린 리마는 얼마나 막막했을까. 그러나 그는 끝까지 포기하지 않고 활짝 웃는 얼굴로 골인점에 들어섰다. 춤을 추며 들어서던 그이는 진정 자유인이었다. 나도 그렇게 모두 놓아버리고 걸림 없이 살고 싶었다.

3년 전 겨울, 우리는 10년 동안 살던 양성을 떠나 봉화 산골로 들어왔다. 처음으로 땅을 보러 왔던 날, 낙엽송과 춘양목이 늘어선 숲길에 들어서면서 우리는 마주보며 말없이 고개를 끄덕였다. 남편이 아침마다 뛰는 그 숲길을 나는 드문드문 걸었다.

지난해 봄, 아긴다고 아꼈건만 무릎 통증이 점점 심해져 수술을 받아야 했다. 수술하기 전에 의사 선생님은 내게 무슨 일을 하며 어떤 활동을 하는지 물었다. 퇴원할 때 선생님이 내게 건네준 주의사항에는 이런 구절이 있었다.

"삼가야 할 자세 및 운동: 쪼그리고 앉기, 양반다리, 등산, 마라톤."

집으로 돌아오는 버스 안에서 나는 조금 울었다. 산골에서 내가 하고 싶은 것들 중 어느 하나도 허용되는 것이 없었다. 농사, 좌선, 산행, 마라톤.

올 봄, 우리는 다시 배낭을 꾸려 히말라야에 다녀왔다. 무릎이 걱정되었지만, 그동안 집에서 꾸준히 했던 재활운동과 보호대에 의지했다. 하이캠프에서부터 허리 위까지 눈이 쌓인 바람에 정상에는 오르지 못했지만 산행은 대단히 만족스러웠다. 다른 것도 마찬가지였다. 방법이 있었다. 사과나무를 심으니 쪼그리고 앉아서 하는 들일이 줄었고 좌선할 때는 야트막한 의자에 앉았다. 산행은 거리와 속도를 줄이고 마라톤은 도로 위를 달리는 대신 숲길을 오래도록 걸었다.

"땅" 하고 출발을 알리는 총소리는 들리지 않지만 나는 날마다 출발점에 선다. 그 먼 거리를 언제 다 달리나, 나는 이제 걱정하지 않는다. 한 발자국 한 발자국 달리다보면 어느 사이 나는 골인점에 들어서 있었고, 한 걸음 한 걸음 걷다보면 어느 사이에 우리는 6천 미터가 넘는 산을 넘고 있었다. 나는 그렇게 살리라. 오늘도 즐겁게. 그것이 철인을 꿈꾸는 대신, 날마다 철인으로 사는 게 아니겠는가. □

지금 이곳에서 행복하기

1판 1쇄 인쇄 2010년 05월 28일
1판 1쇄 발행 2010년 05월 31일

지은이 | 강분석
펴낸이 | 김이금
펴낸곳 | 도서출판 푸르메
편집 | 김정현
마케팅 | 권기남
등록 | 2006년 3월 22일(제318-2006-33호)
주소 | 서울시 마포구 연남동 568-39 컬러빌딩 301호(우 121-869)
전화 | 02-334-4285~6
팩스 | 02-334-4284
전자우편 | prume88@hanmail.net
종이 | 화인페이퍼
인쇄 · 제본 | 한영문화사

ⓒ 강분석, 2010

ISBN 978-89-92650-31-1 03810

* 책값은 뒤표지에 표시되어 있습니다.
* 저자와 협의하여 인지를 생략합니다.